SÉ TRANSFORMADO

"Con la delicadeza obtenida de años de ministrar a las necesidades y heridas de los demás, Bob Schuchts te presenta el poder sanador de los sacramentos de una manera poderosamente reveladora. *Sé transformado* explica cómo las gracias de los siete sacramentos impactan tu vida diaria y cómo pueden sanar las heridas profundas del rechazo, la confusión y el abandono. Al hacerlo, llegas a comprender tu verdadera identidad en Cristo. Después de leer este libro, te darás cuenta de que tus anhelos más profundos son en sí mismos un anhelo por los sacramentos".

Christopher West
Fundador y presidente de *The Cor Project*
Cofundador del Instituto de Teología del Cuerpo

"Para muchas personas, los sacramentos están a distancia como una formalidad de la vida cristiana. Al no comprender completamente el ministerio de Cristo, los apóstoles y la Iglesia durante los últimos dos mil años, muchos desconocen qué y quiénes son realmente los sacramentos y el poderoso papel que desempeñan en la vida que Dios diseñó para cada uno de nosotros. En este libro, Bob Schuchts ha vuelto a captar el significado y la belleza de los sacramentos y la poderosa obra de Cristo a través de ellos. *Sé transformado* es un libro que resistirá la prueba del tiempo y verdaderamente transformará la vida de la gente. Este libro ha renovado mi fe en Cristo y en la Iglesia y me ha infundido un nuevo vigor para los sacramentos, y ¡estoy seguro de que lo hará contigo!"

Paul George
Fundador de Adore Ministries

"Este libro me ayudó a entender la vida sacramental en la Iglesia de nuevas maneras con cada capítulo. A lo largo de los años, Bob Schuchts y su ministerio me han impactado profundamente y me han guiado hacia la sanación; este libro es, naturalmente, una continuación de eso. Como converso a la fe católica que lucha con la escrupulosidad, mis ojos aún se abren a la bondad y la abundante gracia de los sacramentos. Schuchts está cruzando la teología sacramental, que a veces puede abordarse de manera hiperacadémica, con la dedicación a la obra de sanación interior del Espíritu. ¡Este libro ha sido un regalo para mi vida!"

Audrey Assad
Cantante, compositora y música católica

"Bob Schuchts ha iluminado magistralmente el poder curativo y restaurador de los sacramentos, estos ríos transformadores de gracia que nos llevan a la vida abundante. Para los católicos de toda la vida o para cualquier persona que alguna vez se haya preguntado: '¿Realmente me sucede algo cuando recibo los sacramentos?', ¡este libro es para ti!"

Hermana Miriam James Heidland, SOLT
Oradora católica y autora de *Loved as I Am*

"¡Qué libro maravillosamente simple y transformador! Lamentablemente, muchos católicos no entienden y, lo que es más importante, no experimentan la gracia y el poder plenos que contienen los sacramentos. Dios desea transformar, sanar y santificar a su pueblo, y muy a menudo elige realizar esto en los sacramentos de la Iglesia. Con cada sacramento, Bob Schuchts revela maravillosamente la gracia sanadora y a menudo invisible de los sacramentos. Continúa mostrando que esta gracia está presente para todas las personas que abren su corazón para recibirla".

Reverendo Dave Pivonka, TOR
Autor de *Breath of God*

"*Sé transformado* ofrece una manera original de entender la antigua tradición católica de que los sacramentos sanan las heridas de la naturaleza humana caída. En un mundo donde tantos han experimentado heridas profundas, ¡este libro es exactamente lo que se necesita! A través de testimonios personales y explicaciones claras, Schuchts muestra cómo cada uno de los sacramentos puede ser el medio de un encuentro personal con el Señor Jesús, el médico de nuestras almas y cuerpos".

Mary Healy
Autora de *Men and Women Are from Eden*

"Bob Schuchts continúa guiándonos en un increíble viaje de sanación, esta vez a través de los sacramentos. Te invito a reflexionar sobre cómo nuestro Señor nos ha dado el don del encuentro con él. *Sé transformado* ofrece información sobre el amor de nuestro Padre y las formas en que Jesús desea sanar nuestras heridas a través de cada sacramento. Todos hemos experimentado quebrantamiento en diferentes momentos de nuestras vidas, y Schuchts nos ayuda a abordarlo. Que este libro te dé esperanza y te ayude a conducirte a la libertad en Cristo".

Padre Francisco Rodríguez III
Párroco de la iglesia St. William en Round Rock, Texas

SÉ TRANSFORMADO

El poder sanador de los sacramentos

BOB SCHUCHTS

Ave Maria Press AVE Notre Dame, Indiana

Nihil Obstat: Héctor R.G. Pérez, S.T.D.
Censor librorum

Imprimátur: Gregory L. Parkes, D.D., J.C.L.
Obispo de Pensacola–Tallahassee

El *Nihil Obstat* y el *Imprimátur* son declaraciones oficiales de que un libro o folleto está libre de errores doctrinales o morales. No se da a entender que aquellos que han otorgado el *Nihil Obstat* o el *Imprimátur* estén de acuerdo con su contenido, opiniones o declaraciones expresadas.

Traducido por Kris Fankhouser.

Fundada en 1865, Ave Maria Press es un ministerio de la Provincia de los Estados Unidos de la Congregación de Santa Cruz.

www.avemariapress.com

Libro de bolsillo: ISBN-13 978-1-64680-311-8

Libro electrónico: ISBN-13 978-1-64680-312-5

Imagen de la portada © Peter Zelei/iStock.

El diseño de la portada y del texto por Andy Wagoner.

Impreso y encuadernado en los Estados Unidos de América.

Los datos de catalogación en publicación de la Biblioteca del Congreso están disponibles.

DEDICADO A SAN JUAN PABLO II

Gracias por revelar el amor del Padre al mundo entero. Tu visión integral de la persona humana es la inspiración de este libro.

No somos la suma de nuestras debilidades y fracasos; somos la suma del amor del Padre por nosotros y nuestra capacidad real de convertirnos en imagen de su Hijo.

Papa Juan Pablo II

Jornada Mundial de la Juventud, Toronto, 2002

ÍNDICE

PRÓLOGO

Poco después de publicar mi primer libro, *Sé sanado* (Ave Maria Press, 2021), comencé a recibir comunicaciones de personas de toda América del Norte y más allá, contándome sobre sus poderosos encuentros con Jesús a través de los sacramentos. Escuché declaraciones como:

- "Después de leer tu libro, tuve la confesión más poderosa y transformadora de mi vida".
- "Finalmente me estoy convirtiendo en el sacerdote que siempre quise ser".
- "Ahora veo lo que Dios pretendía que fuera mi matrimonio y por qué la sanación es tan necesaria para que eso suceda. Ojalá que hubiera sabido esto antes de casarme".

Otros han compartido sobre sus encuentros transformadores con Jesús en los sacramentos de la Sagrada Comunión, la Unción de los Enfermos, el Bautismo y la Confirmación. Aún otros compartieron su entusiasmo por obtener una perspectiva completamente nueva sobre los sacramentos. Estos testimonios destacaron el hambre que muchas personas tienen por comprender y redescubrir el poder transformador de los sacramentos.

Es por esta razón que me sentí llamado a escribir este libro: *Sé transformado: el poder sanador de los sacramentos.* Quiero que todos experimenten "la riqueza de su gloria" (Ef 3:16) que se comunica de manera misteriosa pero poderosa a través de los sacramentos. Sobre la base de muchos de los temas centrales de *Sé sanado*, este libro subraya la capacidad a menudo ignorada y poco apreciada de los sacramentos para transformar cada área de nuestras vidas, alcanzando incluso las heridas más profundas de nuestra existencia. He llegado a comprender que los sacramentos son el principal remedio de Dios para sanar a toda la persona, a toda la familia, a toda la Iglesia y al mundo entero. Son poderosos porque el Espíritu Santo siempre está obrando en y a través de estos misterios sagrados para llevarnos más plenamente a la vida de resurrección de Jesús.

Presenté muchas de estas ideas en *Sé sanado,* destacando la importancia vital de descubrir nuestra verdadera identidad como amados del Padre, cómo el pecado y las heridas distorsionan esta identidad, y cómo el Espíritu Santo, obrando a través de los sacramentos, nos restaura a la plenitud en Cristo. Este libro se basa en muchos de esos temas, pero es independiente. No necesitas haber leído *Sé sanado* para comprender y beneficiarte de este libro. Ambos libros están destinados a cada lector en cada etapa de su viaje espiritual.

Creo que a medida que avances en este libro con un corazón abierto, descubrirás una apreciación mucho mayor de los sacramentos. Aún más importante, mi oración es que *seas transformado* a través de su poder sanador en formas que impactarán profundamente tu vida y todas tus relaciones, tanto ahora como por toda la eternidad.

INTRODUCCIÓN

No sigan la corriente del mundo en que vivimos, sino más bien transfórmense . . .

Romanos 12:2

La transformación es una parte esencial de nuestra vida como cristianos. Para crecer espiritualmente, cada uno de nosotros debe pasar por un proceso radical de morir y resucitar. Despojándonos de las mentiras engañosas que nos mantienen atados al pecado y la vergüenza, estamos llamados a abrazar nuestra verdadera identidad y misión única en Cristo. Este viaje es radical porque llega a las raíces más profundas de nuestro quebrantamiento, sacándonos de la oscura prisión de nuestro egocentrismo hacia la gloriosa libertad de la comunión con la santísima Trinidad.

A lo largo de los años, como terapeuta, maestro y líder ministerial, a menudo he reflexionado sobre la naturaleza de este viaje espiritual y cómo se logra la transformación en cada una de nuestras vidas. Basándome en la sabiduría de las Escrituras y las enseñanzas de la Iglesia, me he dado cuenta de que los sacramentos juegan un papel mucho más vital en este proceso de lo que jamás imaginé. Como católico de toda la vida, no siempre he apreciado los sacramentos ni he comprendido cuán intrínsecamente poderosos son. Me tomó muchos años comprender lo que la Iglesia ha sabido y enseñado desde el principio: cuando se reciben con fe, los sacramentos tienen un poder tremendo a través del Espíritu Santo para transformar radicalmente nuestras vidas. El *Catecismo de la Iglesia Católica* dice: "Celebrados dignamente en la fe, los sacramentos confieren la gracia que significan. Son eficaces porque en ellos *actúa Cristo mismo;* Él es quien bautiza, Él quien actúa en sus sacramentos con el fin de comunicar la gracia que el sacramento significa . . . Como el fuego transforma en sí todo lo que toca, así el Espíritu Santo transforma en vida divina lo que se somete a su poder" (*CIC,* 1127, énfasis añadido).

¿Entendiste todo eso? Cada sacramento es un encuentro con Jesús que cambia la vida, comunicado a través del poder del Espíritu Santo. Este poder que habita en nosotros es el mismo poder que resucitó a Jesús de entre los muertos (ver Rom 8:11), comunicándonos su vida sobrenatural. ¿No es asombroso? Como veremos en las próximas páginas, el Espíritu Santo, obrando a través de los sacramentos, es literalmente capaz de resucitar a las personas de entre los muertos, física y espiritualmente. Este es nuestro llamado como cristianos: vivir la vida de resurrección de Cristo. Por eso, nos dio los sacramentos: "El deseo y la obra del Espíritu en el corazón de la Iglesia es que vivamos de la vida de Cristo resucitado" (*CIC*, 1091).

La mayoría de nosotros, incluyéndome a mí, todavía estamos en gran parte dormidos ante estas realidades. Aunque hemos recibido la fuerza más potente del universo, caminamos a diario como si estuviéramos solos y tuviéramos que resolver la vida por nosotros mismos. ¿Cómo puede ser esto posible? ¿Por qué tenemos esta brecha entre lo que enseña la Iglesia y nuestras propias experiencias personales poco espectaculares con los sacramentos?

Las Escrituras y el *Catecismo* brindan una perspectiva muy necesaria sobre estos asuntos (ver *CIC*, 1098; Heb 3,12–13). Señalan la condición de nuestros corazones como el factor clave en nuestra entrega al poder del Espíritu en nuestras vidas. Cuando nuestros corazones se endurecen por el engaño del pecado, inhibimos el poder del Espíritu que obra en nosotros y a través de nosotros. Además, cuando no perdonamos a quienes nos hieren, creamos barreras que impiden el flujo de la gracia de Dios en nuestros corazones (ver Lc 6,37–38; *CIC*, 2840, 2843).

Por el contrario, cuando nos humillamos y confiadamente llevamos nuestro quebrantamiento a Jesús, su gracia se vuelve más poderosa en medio de nuestras debilidades (ver 2 Cor 12:9). En estas circunstancias, los sacramentos son capaces de sanar las raíces más profundas de nuestro quebrantamiento, liberándonos de las heridas del pecado y devolviéndonos a la comunión íntima con la Trinidad. Esto es lo que significa *ser transformado*.

Los sacramentos son el remedio elegido por Dios para sanar nuestras heridas mortales e infundir en nuestras almas la vida resucitada de Cristo. Estas heridas, que se originaron con el pecado de Adán y Eva y son perpetuadas y profundizadas por nuestros propios pecados personales, nos hacen dudar del amor de Dios e inhiben su expresión en nuestras vidas.

El Espíritu Santo siempre está obrando, en y a través de los sacramentos, para reproducir la vida de Cristo en nosotros. Su presencia sobrenatural expresada en cada sacramento tiene la capacidad de sanar nuestro quebrantamiento, restaurar nuestra identidad y capacitarnos para compartir la misión incesante de Cristo. Este proceso triple de transformación incluye la sanación, la identidad y la misión[1].

La *sanación* es un encuentro que cambia la vida con el amor y la verdad de Dios. Mientras que el pecado nos fragmenta, el amor del Padre nos restaura a la plenitud en Cristo. Esto ocurre de manera más efectiva a través de los sacramentos cuando el amor sanador de Dios llega a lo más profundo de nuestro ser. En palabras de san Juan Pablo II: "El Espíritu Santo [obrando a través de los sacramentos] . . . realiza la purificación de todo lo que 'desfigura' al hombre [y] cura las heridas incluso las más profundas de la existencia humana"[2]. Con el tiempo, la sanación de Dios nos restaura progresivamente a nuestra verdadera identidad.

La *identidad* se refiere a quiénes somos y cómo llegamos a entendernos a nosotros mismos en relación con Dios. Cuando vivimos apartados de Dios y nos separamos de su amor y verdad, desarrollamos una identidad falsa basada en mentiras y engaños. Terminamos siendo definidos por nuestros pecados, heridas y relaciones desordenadas. Por el contrario, cuando entramos en una relación real y vibrante con Jesús a través de los sacramentos, llegamos a descubrir la verdad sobre nosotros mismos. A san Juan Pablo II le gustaba citar al respecto el Concilio Vaticano II: "Cristo, el nuevo Adán, en la misma revelación del misterio del Padre y de su amor, manifiesta plenamente el hombre al propio hombre y le descubre la sublimidad de su vocación"[3]. Este altísimo llamamiento representa nuestra misión.

La *misión* se refiere a nuestro propósito único en la vida, llevándonos más allá de nuestras limitaciones humanas para convertirnos en la persona irrepetible creada por Dios. Otro de los pasajes favoritos de san Juan Pablo II del Concilio Vaticano II habla de esta realidad: "El hombre

. . . no puede encontrar su propia plenitud si no es en la entrega sincera de sí mismo"[4]. Fluyendo de nuestra identidad única en Cristo, nuestra misión se adapta a nuestra vocaciones específicas y circunstancias de vida. Informa cómo invertimos nuestro tiempo, energía y recursos. Antes de entregar nuestras vidas a Dios, muchos de nosotros nos hemos involucrado en varias "pseudo-misiones" que no lograron llamarnos más allá de nosotros mismos. Pero cuando es inspirada y fortalecida por el Espíritu Santo, nuestra misión personal se convierte en una participación dinámica en la obra de Jesús de restaurar todas las cosas al Padre (ver *CIC*, 850). Cuando se ofrece a Dios, nada en nuestra vida se desperdicia. Incluso nuestras heridas, cuando sanan (como las de Cristo), se convierten en un poderoso medio de gracia para ayudar a restaurar a otros a la plenitud y la santidad. Todo en nuestra vida, incluso nuestro quebrantamiento más profundo, puede ser transformado para su gloria.

En todo este proceso de transformación (sanación, identidad y misión), los sacramentos juegan el papel más fundamental. Son la fuente de nuestra sanación y restauración, definen nuestra identidad en Cristo y fortalecen y dirigen nuestra misión. Cuando son recibidos y vividos auténticamente, estas alianzas sagradas, selladas por el mismo Señor, nos permiten convertirnos en personas íntegras y santas (sanación), sabiendo quiénes somos en Cristo (identidad) y amando con el amor del Padre (misión). De esta manera, traen sanación no solo a nosotros mismos sino también a nuestras familias y comunidades. ¿Puedes imaginar el impacto en nuestras vidas si permitimos que el Espíritu Santo nos transforme de esta manera a través de los sacramentos? En las siguientes páginas, leerás varias historias conmovedoras e inspiradoras de personas de diversas vocaciones y estados de vida, cuyas vidas y relaciones se han transformado de esta manera. Estas historias de sacerdotes, parejas casadas, solteros y religiosos consagrados ilustran cómo cada uno de los siete sacramentos tiene el poder de sanar nuestras heridas, restaurar nuestra identidad e invitarnos a compartir la misión de Cristo.

—~—

Las historias, junto con las aplicaciones prácticas a lo largo del libro, están diseñadas para guiarte en tu propio proceso de transformación. Lo que estás a punto de leer tiene el potencial de impactar cada aspecto de tu vida. Los dos primeros capítulos del libro proporcionan un contexto importante para el viaje. Están destinados a preparar tu corazón y tu mente para encuentros con Jesús que cambiarán tu vida y una mayor comprensión del poder sanador de los sacramentos. Cada uno de los siete capítulos restantes (capítulos 3 al 9) se enfoca en uno de los siete sacramentos, destacando las heridas centrales que se sanan, las identidades que se otorgan y la misión que se invoca en cada sacramento. El capítulo final es una conclusión que resume y aplica los capítulos posteriores a la luz de la película *El rey león*. Una experiencia de oración integral al final del libro reúne todos los elementos.

Debido a que cada sacramento es para el beneficio de cada persona, te animo a leer los capítulos en orden. Las gracias y las aplicaciones se construirán unas sobre otras. Por esa razón, cada capítulo está destinado a todos los lectores. No necesitarás saltarte el capítulo que se enfoca en el Orden Sagrado, por ejemplo, porque no estás ordenado o el del Matrimonio porque no estás casado. Todos los capítulos están escritos para tu beneficio personal.

A medida que leas el libro, notarás que la Palabra de Dios y la oración están íntimamente ligadas a los sacramentos y se suman a su eficacia en nuestras vidas. Con eso en mente, he incluido preguntas de reflexión, meditación bíblica y actividades de oración en cada capítulo para ayudarte a contemplar en oración las ideas que recibes mientras lees.

A medida que avanzas en el libro, te animo a leer un capítulo a la vez, deteniéndote para participar en las preguntas de reflexión, sumergirte en el pasaje bíblico seleccionado y entrar en una mayor intimidad con el Señor a través de la oración. Además, te recomiendo que formes una pequeña comunidad de confianza para analizar juntos este material.

Que el Espíritu Santo te conceda revelación y sanación a medida que avanzas en el libro. Que descubras más profundamente tu verdadera identidad en Cristo. Y que nuestro Padre eterno sea glorificado en ti a medida que su misión se realice más plenamente en tu vida.

1

ROSTROS DESCUBIERTOS

Cómo reflejamos la gloria de Dios

Todos llevamos los reflejos de la gloria del Señor sobre nuestro rostro descubierto, cada día con mayor resplandor, y nos vamos transformando en imagen suya . . .

2 Corintios 3:18

El papa Francisco se refiere a Jesús como "el rostro de la misericordia del Padre"[1]. Me encanta esta descripción porque capta la esencia del carácter de Jesús, así como el corazón de su misión. Los evangelios están llenos de relatos de testigos oculares de sus encuentros con todo tipo de personas quebrantadas, incluidas muchas que están enfermas, oprimidas o atadas por las cadenas del pecado y de la vergüenza. Estos relatos cubren una amplia gama de experiencias, como la mujer adúltera (ver Jn 8,1–11); Zaqueo, el recaudador de impuestos egoísta (ver Lc 19,1–10); y el niño con el espíritu mudo (ver Mc 9,14–29). En estas historias vemos el corazón compasivo de Jesús rebosante del amor misericordioso del Padre.

Es posible que hayas notado que la misericordia de Jesús se expresa de manera muy diferente en estas historias según la forma en que las personas se acercan a él y la condición de sus corazones. No todos en las narraciones de los evangelios parecen atraer la compasión de Jesús. Incluso en los mismos relatos de los evangelios, interactúa de manera diferente con diferentes personas. Fíjate, por ejemplo, en su reacción ante los escribas y los fariseos, que estaban demasiado ansiosos por arrojar piedras a la mujer adúltera. En su orgullo y piedad pomposa, actuaron como si no tuvieran necesidad de un salvador. Obtuvieron una respuesta mucho menos compasiva del Señor, lo que algunos podrían llamar una misericordia severa.

Al ver directamente a través de las pretensiones de estos líderes venerados, Jesús expuso las profundidades de sus corazones orgullosos, desenmascarando su hipocresía y sacando a la luz la muerte detrás del barniz de sus apariencias disimuladas (ver Mt 23). ¿Alguna vez te has preguntado, como lo hice, si Jesús estaba actuando fuera de lugar en confrontaciones como estas? ¿Era todavía el "rostro de la misericordia del Padre"? ¿No nos dijo que no juzgáramos ni condenáramos a nadie y que él mismo no vino a condenar a nadie sino a salvarnos a todos (ver Lc 6,36; Jn 12:47)?

A medida que conocemos a Jesús a través de los evangelios, crecemos en la confianza de que sus juicios son puros y están motivados por un equilibrio perfecto de misericordia y de justicia, que están completamente integrados en la vida de Jesús. Como su Padre, Jesús ve más allá de nuestras fachadas externas y ve dentro de los motivos e intenciones de nuestro corazón (ver 1 Sm 16:7). Tal vez hayas notado que no se deja impresionar fácilmente por las apariencias externas, como títulos y grados, logros mundanos, elogios públicos o posiciones destacadas cuando estos simplemente sirven para enmascarar nuestro quebrantamiento. Esconderle algo a quien ve todas las cosas es una ilusión de la clase más mortífera. Pregúntales a Adán y a Eva, quienes pensaron que podían esconder su pecado de su Creador omnisciente cubriéndose con hojas de higuera (ver Gn 3).

Desde ese primer pecado, todos nos hemos hecho hojas de higuera hechas a medida. Al igual que los fariseos, todos somos propensos a cubrirnos con máscaras de orgullo y de fariseísmo, que usamos para cubrir nuestras deficiencias. El padre Jacques Philippe expresa con gran perspicacia esta común condición humana nuestra: "Vale la pena reflexionar sobre el problema del orgullo. Todos nacemos con una herida profunda, experimentada como falta de ser. Buscamos compensar construyendo un yo, diferente de nuestro yo real. Este yo artificial requiere grandes cantidades de energía para mantenerse; siendo frágil, necesita protección. ¡Ay de quien la contradiga, la amenace, la cuestione o inhiba su expansión!

Cuando el Evangelio dice que debemos 'morir a nosotros mismos', quiere decir que este ego artificial, este yo construido, debe morir, para que pueda emerger el yo real que Dios nos ha dado"[2]. Las palabras del padre Philippe tocan nuestras inseguridades más profundas, ¿no? Vacilantes en reconocer nuestras heridas más profundas, ocultamos nuestros verdaderos rostros. Al hacerlo, nos engañamos incluso a nosotros mismos. Terminamos creyendo que este falso yo es lo que realmente somos. Gastando toda nuestra energía en mantenerlo, nos vemos amenazados cuando alguien trata de desenmascararnos para exponer nuestro pecado o nuestras debilidades.

Podemos señalar con el dedo a los fariseos, pero todos nosotros tenemos una inclinación natural a cubrirnos el rostro de una manera u otra, como lo hicieron ellos. Pero si queremos progresar espiritualmente, debemos estar dispuestos a presentarnos ante Jesús con el *rostro descubierto* (ver 2 Cor 3:18), llevándole nuestras heridas y nuestra vergüenza, para que nos sane y nos llene de su gloria. Esta revelación es el primer paso para enfrentar nuestro quebrantamiento en el camino para convertirnos en la persona completa que Dios nos creó para ser. A medida que crecemos en humildad a través de la obra del Espíritu Santo en nuestras vidas, gradualmente nos damos cuenta de que carecemos de ciertas capacidades propias, especialmente cuando se trata de recibir y expresar el amor misericordioso de Dios.

Bajo esta luz, se vuelve un poco más fácil ver por qué Jesús confrontó tan apasionadamente a los fariseos. Como muchos de nosotros hoy en día, desarrollaron hojas de higuera adaptadas personalmente, entretejidas por su conocimiento de las Escrituras y de sus prácticas religiosas. Podrían engañar a muchas personas con su fachada falsa, pero no a Jesús. Ay de Jesús por confrontar y amenazar sus máscaras. En lugar de morir a sí mismos, finalmente lo mataron a él.

Puede que estemos horrorizados por la respuesta de los fariseos, pero muchos de nosotros actuamos de manera similar sin darnos cuenta. *Matamos* la vida misma de Jesús dentro de nosotros, escondiendo nuestro pecado y quebrantamiento detrás de nuestra falsa piedad. Incluso podemos acercarnos a los sacramentos en este estado, con un corazón muerto, mostrando una forma de piedad mientras negamos el poder sanador del Espíritu Santo inherente a los sacramentos. Cuando practicamos nuestra fe superficialmente de esta manera, nosotros también *matamos* la vida de

Jesús dentro de nuestros propios corazones, nuestras familias y nuestras comunidades eclesiales. Entonces todos viven en la misma superficialidad de la religión muerta. ¿Alguna vez has experimentado esto?

El *Catecismo de la Iglesia Católica* nos recuerda que la "vocación de la humanidad es manifestar la imagen de Dios y ser transformada a imagen del Hijo Único del Padre" (1877). Eso significa que, en Cristo, también nosotros estamos llamados a revelar el "rostro de la misericordia del Padre". Creo que este es uno de los propósitos fundamentales de Jesús al darnos los sacramentos. Cuando nosotros mismos nos encontramos con las profundidades de la misericordia del Padre (a través de los sacramentos), entonces podemos representar su imagen al mundo que nos rodea. Pero ¿qué sucede cuando terminamos pareciéndonos y actuando más como los fariseos que como Jesús, cuando participamos en los sacramentos como los fariseos se acercaban a sus rituales legalistas? Ocultando nuestro pecado y nuestro quebrantamiento detrás de nuestras fachadas, matamos la vida del Espíritu por nuestras obras muertas.

El papa Francisco tiene una manera hermosa y gentil de ayudarnos a ver más allá de nuestras hojas de parra. Recientemente nos desafió a todos a mirarnos en el espejo de la Palabra de Dios, para ver dónde ese espíritu farisaico puede haber endurecido nuestros propios corazones. En una homilía diaria, observó: "[Los fariseos] eran fuertes, pero por fuera. Estaban enyesados. Su corazón estaba muy débil; no sabían lo que creían". Prosiguió advirtiendo: "Como para los fariseos, también existe para nosotros el peligro de considerar nuestro lugar mejor que el de los demás por el solo hecho de observar las reglas o costumbres, aunque no amemos al prójimo, [aunque] seamos duros de corazón u orgullosos"[3].

¿No podemos todos relacionarnos con esos signos reveladores de justicia propia en alguna medida? Seamos realistas, ninguno de nosotros va por ahí y proclama públicamente nuestros peores pecados y nuestras mayores faltas para que todo el mundo los vea; naturalmente, queremos mostrar nuestra mejor cara con las personas que nos rodean. Y pocos de nosotros vemos la bondad de nuestro prójimo sin alguna mancha de juicio o superioridad. Creo que cada uno de nosotros tiene al menos un poco de ese fariseo santurrón en nosotros. Nos resulta demasiado fácil ponernos a la defensiva y justificarnos mientras condenamos a los demás, olvidando que tenemos un Redentor que es más que capaz de justificarnos con su muerte en la cruz.

El mayor problema con los fariseos es que eran obstinadamente ciegos y se negaban a ver, mientras que la mayoría de nosotros deseamos que el Espíritu Santo nos proporcione al menos un mínimo de visión interior. Pero incluso con este deseo genuino, nuestros puntos ciegos hacen que sea difícil vernos a nosotros mismos con claridad. El Espíritu Santo nos da visión. A veces pone a ciertas personas en nuestra vida para permitirnos vernos a nosotros mismos a través de los ojos de Dios.

Para mí, uno de estos encuentros transformadores de vida tuvo lugar hace unos veinticinco años cuando conocí a un hombre santo y lleno de alegría de Kenia llamado Simeón. La primera vez que conocí a Simeón, me tomó de la mano y me condujo a través de un estacionamiento a un espacio de reunión privado. Quería apartar mi mano, pero no quería ofenderlo. Así que le pregunté si tomarse de la mano con otro hombre era una costumbre normal en su país. Él respondió: "Me gusta tener una idea de una persona". Rápidamente respondí: "¿Puedes sentir que me siento incómodo?". Después de que ambos reímos y rompimos la tensión, procedió a leer mi corazón y revelar algunas de mis heridas más profundas mientras me mostraba dónde no estaba viviendo auténticamente.

Simeón me dijo: "Bob, Dios es santo; tú no tanto. Pero Dios tenga misericordia de ti, y te ame. Y Dios tenga gracia; él te hace ser más como él" (me tomó un tiempo darme cuenta de que el Espíritu Santo estaba obrando a través de Simeón para revelar otra capa de mi pretensión y mi autosuficiencia impía). Más tarde, Simeón me animó a pasar tiempo viéndome a mí mismo a través de los ojos de Jesús. "Leer la Palabra de Dios", dijo, "es como verse en un espejo. Es por eso que la mayoría de la gente realmente no estudia la Biblia; tienen miedo de verse a sí mismos".

Unos meses más tarde, mientras servía como líder espiritual con una comunidad de hombres en un fin de semana de "Cristo renueva su parroquia", el Espíritu Santo me ayudó a ver más de mi propia pretensión a través del espejo de la Palabra de Dios. Al prepararme para dar una charla sobre "Vida nueva en Cristo", me atrajo la parábola del fariseo y recaudador de impuestos en el Evangelio de Lucas (18,9–14). Reflexionando sobre la parábola, me di cuenta de que era mucho mejor identificarme con el recaudador de impuestos, quien estaba dolorosamente consciente de su indignidad ante Dios y profundamente afligido por su pecado. Pero ese no es con quien me identifiqué al principio de la historia.

Me turbé cuando descubrí que mi corazón resonaba más con el fariseo. Podía relacionarme muy bien con su autosatisfacción: "Oh Dios, te doy gracias porque no soy como los demás hombres, que son ladrones, injustos y adúlteros, o como ese publicano. Ayuno dos veces por semana y doy la décima parte de todas mis entradas" (Lc 18,11–12). La ironía, si se le puede llamar así, es que me parecía a ese fariseo en muchos aspectos que antes había considerado buenos y santos. También ayunaba dos veces por semana y diezmaba con regularidad. Lo que me hirió el corazón fueron los pecados que el fariseo desdeñaba entre el "resto de la humanidad". Eran demasiado cercanos a mi caso, ya que personalmente había juzgado a los miembros de mi familia por muchos de esos pecados exactos y había tomado resoluciones internas de que no sería como ellos. Con la perspicacia del Espíritu Santo, finalmente me di cuenta de que los estaba menospreciando por no estar a la altura de mi estándar de rectitud.

A medida que el Espíritu me llevó a otros pasajes similares de las Escrituras, me invitó a mirar directamente a este pecado de todos los pecados: mi pretensión. A través de estos versículos, fue como si Jesús hubiera dado un doble golpe de verdad para derribarme de mi pedestal. El primer golpe a mi ego vino a través del sermón de Jesús en el llano en el Evangelio de san Lucas: "No juzguen y no serán juzgados; no condenen y no serán condenados; perdonen y serán perdonados . . . Porque con la medida que ustedes midan serán medidos ustedes" (Lc 6,37–38).

Un pasaje similar de san Pablo dio el golpe final: "Por lo tanto, amigo mío, si eres capaz de juzgar, ya no tienes disculpa. Te condenas a ti mismo cuando juzgas a los demás, pues tú haces lo que estás condenando" (Rom 2:1).

Me preocupó especialmente esta última línea: "tú haces lo que estás condenando". ¿Cómo es posible? Nadie a mi alrededor me había acusado nunca de ser codicioso, y no estaba haciendo trampa con mis impuestos o teniendo una aventura adúltera. ¿Cómo podía estar haciendo las mismas cosas que aquellos a los que había juzgado? No quería enfrentar la realidad de que soy tan pecadora como las personas que me lastiman. Eso significaría que en realidad no soy mejor que nadie y que yo también necesito un salvador como ellos. Mi autoimagen falsa no podía soportar enfrentar que soy codicioso, deshonesto y adúltero como el resto de la humanidad.

Yo había mantenido cualquier apariencia de esos pecados oculta de mi autoconciencia. Cuando hacía algo remotamente relacionado con esos pecados, me condenaba sin piedad como había condenado a otros. Para ser lo suficientemente bueno en mi propia mente, para ser amado por Dios, me esforcé por ser moralmente perfecto. Como no podía ser perfecto, tenía que convencerme a mí mismo de que era lo suficientemente justo para que Dios me amara, pero nunca supe exactamente dónde estaba trazada esa línea. ¿Qué haría (o dejaría de hacer) que me pondría en el lado malo de Dios y me convertiría en uno de los machos cabríos que fueron enviados al infierno (ver Mt 25,32–33)? Me encontré en una rueda de ardilla sin esperanza y sin alegría, esforzándome por ser lo suficientemente bueno, pero sin estar a la altura. Desearía poder decir que esto está completamente en mi pasado y que estoy completamente libre de este tipo de pensamiento, pero la verdad es que a veces todavía puedo mirar a Dios, a mí mismo y a los que me rodean con este tipo de actitud legalista y temerosa. ¿Puedes identificarte con esta trampa perfeccionista en tu vida? Ten cuidado de no descartarla demasiado rápido. El hecho de que no lo veas no significa que estés libre de el.

Para mí, las raíces se remontan a los primeros años de mi vida (y probablemente eones antes de eso a Adán y Eva y el pecado original). Recuerdo que, cuando era niño, confundía la ira de mi padre con la ira de Dios cada vez que hacía algo mal. Quería complacer, así que hice lo que pude para obtener la aprobación de mis padres. Cuando hice algo mal, no quería que mis padres o Dios vieran mi pecado por temor a que me castigaran y mi imagen de "buen chico" se viera empañada.

Recuerdo que, a los seis años, ocultaba conscientemente mis pecados a mis padres. Mi hermano Dave y yo fumamos cigarrillos en secreto de camino a la escuela, y él me hizo prometer que no se lo diría a nuestros padres. Acepté fácilmente porque no quería meterme en problemas. A los ocho años, comencé a robar dulces en una tienda de comestibles local y a mirar revistas *Playboy* con mis amigos. Mentí para encubrirlo, lo que solo me llevó a esconderme más profundamente. Aunque tenía la disponibilidad del sacramento de la Reconciliación, seguí ocultando estos pecados incluso al sacerdote. En sexto grado, cuando me convertí en monaguillo, estos patrones estaban bien establecidos en mi vida. Ya era "codicioso" (robador), "deshonesto" (mentiroso) y "adúltero" (codiciando a las mujeres en esas revistas). Yo era más como el recaudador de impuestos y el resto de la humanidad de lo que quería admitir, pero mantuve todo esto oculto detrás de mi imagen de "buen chico Bob".

Para el séptimo grado, cuando nuestra familia comenzó a desmoronarse debido a la bebida y el adulterio de mi padre, mi traje de fariseo estaba firmemente establecido y esos rasgos de recaudador de impuestos se mantuvieron ocultos por vergüenza. Con mi corazón bloqueado por la vergüenza y la pretensión, era natural que reprimiera mi miedo y dolor, tal como había ocultado mis pecados todos esos años. Para el noveno grado, mi papá y mi hermano mayor dejaron a la familia y yo estaba preparado para asumir el papel de salvador de la familia, con la esperanza de evitar caer en deshonra como ellos. Mi actitud de autojustificación, ahora firmemente arraigada, requería un impulso continuo hacia el perfeccionismo moral.

Déjame ser perfectamente claro. Este no es el tipo de perfección a la que Jesús nos llama a cada uno de nosotros en el Evangelio. La búsqueda de la santidad genuina no se basa en el esfuerzo santurrón de ser lo suficientemente bueno para ser amado; es la perfección de la misericordia, que es la verdadera medida de la santidad (ver *CIC*, 1709; Lc 6:36). "Es fruto del don gratuito de Dios" y nos lleva a entrar en "el gozo divino" (*CIC*, 1722). El padre Jacque Philippe señala: "Nuestro Padre que está en los cielos no nos ama por el bien que hacemos. Él nos ama por nosotros mismos, porque nos ha adoptado como sus hijos para siempre. Por eso, es tan preciosa la humildad, la pobreza espiritual"[4]. La verdadera santidad es un yugo fácil que viene de aprender de Jesús la mansedumbre y la humildad (ver Mt 11:29). Está en marcado contraste con el pesado yugo del legalismo con el que los fariseos cargaron a sus seguidores (ver Mt 23:4).

La gracia de Dios es el don totalmente inmerecido de su amor que nos permite participar en su vida interior y así descubrir nuestra verdadera identidad (ver *CIC*, 1995–1999). La gracia puede venir a nosotros de muchas maneras. La Palabra de Dios, los sacramentos y la oración son tres formas principales en las que el Señor normalmente nos comunica su gracia. Mi amigo Simeón me enseñó algo sobre la gracia y me señaló las Escrituras como una forma de verme en el espejo. Quiero devolverle su regalo e invitarte a que te veas en el espejo también, con los rostros descubiertos. Como dijo Simeón, "Dios es bueno y santo; tú no tanto. Pero Dios tenga misericordia y Dios tenga gracia".

Detengámonos aquí un momento para reflexionar sobre lo que hemos hablado.

Tómate un momento

1. ¿Qué piensas después del leer las ideas del padre Philippe sobre el orgullo y la humildad? ¿Cómo escondes tus heridas y tus pecados?
2. ¿Qué aspectos de mi historia y experiencia con Simeón se relacionan con tu vida?

Mi amigo Simeón me ayudó a verme a mí mismo a través de los ojos de Dios y me señaló las Escrituras como una forma de continuar ese proceso. Como me invitó Simeón, ahora te invito a tomar mi mano (hablando metafóricamente) para que podamos dar un paseo y mirarnos juntos en el espejo. Nuestro "espejo" para este ejercicio espiritual viene del Evangelio de Lucas, y es el que eligió el papa Francisco para anunciar el Año Jubilar de la Misericordia. Probablemente estés familiarizado con la historia en la que invitan a Jesús a cenar a la casa de Simón y son interrumpidos por un invitado inesperado: una mujer pecadora del pueblo (ver Lc 7,36–50). De alguna manera, esta es otra versión del fariseo y el recaudador de impuestos, solo que es una interacción real y no una parábola. Mientras reflexionamos juntos sobre este evangelio, recuerda que nuestro objetivo es despojarnos de las máscaras de nuestro falso yo para que podamos recibir la abundante misericordia que Dios derrama sobre nosotros y vivir más plenamente desde nuestra verdadera identidad en Cristo.

A medida que avanzamos en la narración, te animo a que tomes nota de con cuál de los personajes principales te identificas más. Primero nos encontramos con el fariseo Simón, que es el anfitrión de Jesús. Un ciudadano honrado y muy respetado en su comunidad, probablemente practicó su fe con diligencia y fue bien considerado por sus amigos influyentes. A continuación, tenemos a la "mujer pecadora" sin nombre. Aparentemente tiene una reputación desagradable y no estaba entre los invitados. Finalmente tenemos a Jesús, el invitado de honor.

Así es como se desarrolla la historia: mientras Jesús interactúa con Simón y sus invitados, la mujer irrumpe en la casa de Simón sin previo aviso. Ajena al anfitrión y a los demás invitados, se dirige directamente a Jesús, sollozando mientras le seca los pies con las lágrimas. Luego los seca con su cabello, procede a besar los pies de Jesús y les vierte una costosa botella de ungüento de olor dulce. Puedes imaginar la indignación de Simón mientras todo esto está sucediendo. Jesús, por otro lado, no parece inmutarse por la invasión de esta mujer a la fiesta. De hecho, él recibe su regalo de lágrimas y arrepentimiento y la alaba por su generosidad. Jesús parece más preocupado por el disgusto de Simón, por lo que le cuenta una parábola sobre dos personas que deben una gran cantidad de dinero. Es aquí donde retomamos la interacción entre Jesús, Simón y la mujer, después de que Jesús le propone una parábola a Simón sobre dos deudores que deben cantidades diferentes.

Jesús (a Simón): "¿Cuál de los [deudores perdonados] lo querrá más?".

Simón (a Jesús): "Pienso que aquel a quien le perdonó más".

Jesús (a Simón): "Has juzgado bien . . . ¿Ves a esta mujer? Cuando entré en tu casa, no me ofreciste agua para los pies, mientras que ella me ha lavado los pies con sus lágrimas y me los ha secado con sus cabellos. Tú no me has recibido con un beso, pero ella, desde que entró, no ha dejado de cubrirme los pies de besos. Tú no me ungiste la cabeza con aceite; ella, en cambio, ha derramado perfume sobre mis pies. Por eso te digo que sus pecados, sus numerosos pecados, le quedan perdonados, por el mucho amor que ha manifestado. En cambio aquel al que se le perdona poco, demuestra poco amor".

Jesús (a la mujer): "Tus pecados te quedan perdonados".

Los invitados (unos a otros): "¿Así que ahora pretende perdonar pecados?".

Jesús (a la mujer): "Tu fe te ha salvado, vete en paz".

Me encantan las reflexiones del papa Francisco sobre este evangelio cuando presentó sus intenciones para el Jubileo de la Misericordia. Aunque es un poco largo, vale la pena nuestro tiempo. Al desafiarnos a salir de nuestra zona de comodidad, nos llama a dejar de lado nuestros caminos farisaicos y a identificarnos con la fe, la esperanza y el amor de la mujer que sabe que no tiene nada que perder porque aparte de Jesús no tiene nada. Luego, al final de su reflexión, el papa Francisco nos invita a imitar la misericordia sin límites ejemplificada por Jesús:

> El evangelio que hemos escuchado (cf. Lc 7,36–50) nos abre un camino de esperanza y de consuelo. Es bueno que sintamos sobre nosotros esa misma mirada compasiva de Jesús, como cuando percibió a la mujer pecadora en casa del fariseo. En este pasaje dos palabras vuelven ante nosotros con gran insistencia: amor y juicio. Está el amor de la mujer pecadora, que se humilla ante el Señor; pero primero está el amor misericordioso de Jesús por ella, que la empuja a acercarse. Su grito de arrepentimiento y de alegría lava los pies del Maestro, y sus cabellos los secan con gratitud; sus besos son pura expresión de su cariño; y el ungüento fragante derramado con abundancia atestigua cuán precioso es él a sus ojos. Cada gesto de esta mujer habla de amor y expresa su deseo de tener una certeza inquebrantable en su vida: la del perdón. Y Jesús da esta seguridad: al acogerla, demuestra el amor de Dios por ella, ¡solo por ella! El amor y el perdón son simultáneos: Dios le perdona mucho, todo, "por el mucho amor que ha manifestado" (Lc 7:47); y adora a Jesús porque siente que en él hay misericordia y no condenación. Gracias a Jesús, Dios echa atrás sus muchos pecados, ya no se acuerda de ellos (cf. Is 43:25). Para ella, ahora comienza una nueva temporada; ella renace en el amor, a una nueva vida.

> Esta mujer realmente ha conocido al Señor. En silencio, le abrió su corazón; en el dolor, mostró arrepentimiento por sus pecados; con sus lágrimas, apeló a la bondad de Dios para el perdón. Para ella no habrá juicio sino el que viene de Dios, y este es el juicio de la misericordia. El protagonista de este encuentro es sin duda el amor que va más allá de la justicia.
>
> Simón el fariseo, por el contrario, no puede encontrar el camino del amor. Se mantiene firme en el umbral de la formalidad. No es capaz de dar el siguiente paso para ir al encuentro de Jesús, que le trae la salvación. Simón se limitó a invitar a cenar a Jesús, pero en realidad no le dio la bienvenida. En sus pensamientos invoca solo la justicia y, al hacerlo, se equivoca. Su juicio sobre la mujer lo aleja de la verdad y no le permite siquiera comprender quién es su invitado. Se detuvo en la superficie; no fue capaz de mirar al corazón. Ante la parábola de Jesús y la pregunta de qué siervo amaría más a su amo, el fariseo respondió correctamente: "Aquel a quien le perdonó más". Y Jesús no deja de hacerle observar: "Has juzgado bien" (Lc 7:43). Solo cuando el juicio de Simón se vuelve hacia el amor: entonces tiene razón.
>
> La llamada de Jesús nos empuja a cada uno de nosotros a no detenernos nunca en la superficie de las cosas, especialmente cuando se trata de una persona. Estamos llamados a mirar más allá, a centrarnos en el corazón para ver de cuánta generosidad somos capaces todos. Nadie puede ser excluido de la misericordia de Dios; todos conocen el camino para acceder a ella y la Iglesia es la casa que acoge a todos y no rechaza a nadie. Sus puertas permanecen abiertas de par en par, para que quien es tocado por la gracia encuentre la certeza del perdón. Cuanto mayor es el pecado, tanto mayor debe ser el amor que la Iglesia expresa hacia los que se convierten[5].

Las percepciones del papa Francisco de esta historia del evangelio son profundas y convincentes. Como Simón, a muchos de nosotros nos cuesta "encontrar el camino del amor" y vivir libres desde el corazón. Nos detenemos en la superficie de las cosas y no vemos profundamente en los corazones de las personas. Nuestros juicios nos alejan de Jesús, de la verdad y de las personas a las que juzgamos. ¿Con qué frecuencia permitimos que la formalidad nos mantenga desconectados de nuestros propios corazones, así como de Jesús? ¿Lo amamos con todo nuestro corazón como lo hizo la mujer? ¿O "amamos" más como Simón, manteniendo una distancia cortés y dando la bienvenida a Jesús en nuestra vida externa pero no en nuestro corazón?

Mientras yo leía los comentarios del papa Francisco, no pude evitar pensar en cuántos de nosotros nos acercamos a Jesús a través de las Escrituras, los sacramentos y la oración con el mismo tipo de formalidad que lo hizo Simón. A la mayoría de nosotros nos falta el amor apasionado y sin restricciones que exhibe la mujer al buscar el amor y el perdón de Jesús. Más bien, tendemos a encontrar consuelo en nuestra formalidad y mantenemos a Jesús lo suficientemente cerca para validarnos, pero no tanto como para que nuestra autosuficiencia se vea amenazada. A menudo estamos más preocupados por mantener nuestra reputación y control en lugar de ser amantes radicales y entregados de Aquel que renunció a todo por nosotros.

Cuando Jesús nos dio los sacramentos de nuestra redención, literalmente le costaron todo, toda su vida. Él derramó sus lágrimas y su sangre por nosotros como la mujer derramó sus lágrimas y ungüento. Él no tenía la intención de que nuestras prácticas de fe fueran rituales de formalidad sin sentido donde mantenemos nuestra distancia cortés. Más bien, desea que sean encuentros vivos con él, permitiéndonos morir a nuestro falso yo, para que el Espíritu Santo pueda llenarnos hasta rebosar con la vida resucitada de Jesús (ver *CIC*, 1091–1092).

Como puedes observar fácilmente en la historia de Simón y la mujer, hay una gran diferencia en cómo nos movemos hacia Jesús. Si nos acercamos a Jesús con una personalidad falsa (conformidad externa sin conversión del corazón), nos mantendremos alejados de él, como lo hizo Simón. Dejaremos de reflejar su gloria y permaneceremos satisfechos de nosotros mismos en nuestra vanagloria. Pero si abrimos nuestros corazones y enfrentamos nuestro quebrantamiento, como la mujer, podemos comenzar a vivir desde nuestro verdadero yo al encontrarnos con su presencia real en la palabra, el sacramento y la oración. La disposición de nuestros corazones hace toda la diferencia.

La Iglesia enseña que la disposición de nuestro corazón no limita la cantidad de gracia que Jesús nos da como un regalo gratuito. Pero restringe cuánta gracia recibimos en nuestros encuentros sacramentales con Jesús. El grado de apertura y fe en nuestros corazones es el factor que define si los sacramentos producen frutos en nuestras vidas y cuánto (ver *CIC*, 1098). Dado que nuestros corazones son el lugar de nuestro encuentro con Jesús, nuestra receptividad marca la diferencia (ver *CIC*, 2563).

Como muchos de los fariseos, somos más que capaces de realizar nuestras prácticas de fe con un corazón orgulloso, endurecido o desconectado. El *Catecismo* llama "superstición" a esta práctica exterior de nuestra fe sin compromiso del corazón, que es "atribuir su eficacia a la sola materialidad de las oraciones o de los signos sacramentales, prescindiendo de las disposiciones interiores que exigen" (*CIC*, 2111). Me pregunto cuántos de nosotros estamos practicando la superstición sin siquiera darnos cuenta.

Nuestro Padre celestial es misericordioso. Dondequiera que estemos en nuestro camino espiritual, no necesitamos permanecer enmascarados por el orgullo y la vanagloria como Simón o velados por nuestra vergüenza y nuestra deshonra como la mujer antes de su arrepentimiento. El Padre ve todo acerca de nosotros y nos acepta tal como somos. Pero también nos llama a salir de detrás de nuestros rostros velados, cubiertos de orgullo y vergüenza, para que podamos recibir su misericordia. Cuanto más abiertos estemos a recibir todo lo que el Padre tiene para nosotros, más seremos transformados a la imagen de Jesús. Así reflejamos su gloria, dejándonos transformar, con el rostro descubierto mirando al Señor (ver 2 Cor 3:18).

Tomemos un momento para "mirarnos en el espejo", permitiendo que Jesús nos muestre a nosotros mismos.

Tómate un momento

1. ¿De qué manera eres como Simón, la mujer y Jesús? Sé específico.
2. ¿Ves alguna evidencia de que tu corazón se haya endurecido? Explica.
3. ¿Cómo puedes saber cuándo tus prácticas de fe son supersticiosas en lugar de encuentros genuinos con Jesús?
4. Describe una experiencia personal de un encuentro con Jesús a través de las Escrituras, los sacramentos o la oración.

Meditación en las Escrituras

El siguiente pasaje de Lucas 18 comparte la historia del fariseo y el recaudador de impuestos y es clásico por revelar al fariseo en nosotros. Pero más que eso, es una demostración de la misericordia de Dios hacia todos nosotros.

Te animo a orar con este pasaje mientras haces lo siguiente:

1. Primero léelo para conocer el contexto general.
2. Léelo de nuevo, poniendo tu nombre en lugar de las referencias al fariseo.
3. Anota en un diario lo que ves sobre ti mismo.
4. Léelo por última vez lentamente y reemplaza las referencias al recaudador de impuestos con tu nombre. Luego anota lo que el Espíritu Santo te revela.

La parábola del fariseo y el recaudador de impuestos

Jesús dijo esta parábola por algunos que estaban convencidos de ser justos y despreciaban a los demás. "Dos hombres subieron al Templo a orar. Uno era fariseo y el otro publicano. El fariseo, puesto de pie, oraba en su interior de esta manera: 'Oh Dios, te doy gracias porque no soy como los demás hombres, que son ladrones, injustos y adúlteros, o como ese publicano . . . Ayuno dos veces por semana y doy la décima parte de todas mis entradas'. Mientras tanto el publicano se quedaba atrás y no se atrevía a levantar los ojos al cielo, sino que se golpeaba el pecho diciendo: 'Dios mío, ten piedad de mí, que soy un pecador'. Yo les digo que este último estaba en gracia de Dios cuando volvió a su casa, pero el fariseo no. Porque el que se hace grande será humillado y el que se humilla será enaltecido" (Lc 18,9–14).

Oremos

Como vemos con el recaudador de impuestos y la mujer pecadora, la misericordia de Dios se activa cuando nos humillamos en oraciones de arrepentimiento. La siguiente oración se enfoca en el arrepentimiento de los juicios. Cuando se reza con el corazón, nos permite renunciar a nuestra justicia propia y humillarnos para recibir la misericordia de Dios. Esta oración, repetida a menudo con aplicación específica a áreas de tus juicios, te ayudará a ablandar tu corazón y romper el poder del orgullo y la autocondena en tu vida.

El arrepentimiento de los juicios

Padre, reconozco que he juzgado a (nombre de la persona)[6]. Me doy cuenta de que este juicio es pecado y que mantiene mi corazón endurecido en la falta de perdón y bloquea el flujo de tu misericordia y gracia en mi vida. Siento haber pecado contra ti y (nombre de la persona). Por favor, perdóname y líbrame de la condenación.

Renuncio ahora a estos juicios específicos (identifícalos uno a la vez). Sé que no puedo cambiar mi propio corazón; por eso, te pido que me des tu corazón de compasión y misericordia para esta persona (nombre de la persona juzgada). Por favor, bendícelo/la ahora, específicamente de esa manera exactamente opuesta a cómo lo/la he juzgado en mis pensamientos, palabras o acciones. Te lo pido en el nombre de Jesús. Amén.

2

LAS PODEROSAS BENDICIONES DE DIOS

Cómo los sacramentos nos restauran a la plenitud

Tú eres mi Hijo, hoy te he dado a la vida.

Lucas 3:22

En el último capítulo tuvimos la oportunidad de mirarnos largamente en el espejo, para vernos realmente en una de las tres personas que representan tres aspectos diferentes de nosotros mismos: Simón el fariseo, la mujer pecadora y Jesús. Estas tres imágenes también representan etapas de nuestro viaje espiritual. Si somos honestos con nosotros mismos, podemos reconocer una parte de nosotros mismos en cada una de las personas de la historia.

Como el fariseo, nosotros también somos propensos a esconder nuestras deficiencias y debilidades detrás de una fachada de fariseísmo, dejando nuestros corazones endurecidos y poco receptivos a la gracia de Dios. Una vez que se quitan estas máscaras de orgullo, nos damos cuenta de que también podemos identificarnos con la mujer pecadora. Al enfrentar nuestro pecado y nuestras heridas, llegamos a reconocer nuestra tremenda necesidad de sanación. Solo con el rostro así descubierto podemos mirar fijamente a Jesús y recibir su amor misericordioso. Al mirarlo, finalmente nos hacemos como él, con rostros descubiertos que reflejan su gloria (ver 2 Cor 3:18; 1 Jn 3:2). Esta es la meta de nuestra vida espiritual: ser transformados a la imagen de Cristo para que podamos compartir la intimidad divina que él disfruta con el Padre y el Espíritu Santo.

No importa dónde nos encontremos en nuestro viaje espiritual, los sacramentos juegan un papel clave en nuestra transformación. Si estamos atrapados en el orgullo y la justicia propia, como Simón, los sacramentos de la presencia de Jesús nos confrontan con la verdad sobre nosotros mismos y nos dan la gracia de ablandar nuestros corazones. Cuando nos humillamos y reconocemos nuestra necesidad de un salvador, como la mujer, estos mismos sacramentos nos limpian efectivamente de nuestro pecado, sanan las heridas y maldiciones causadas por el pecado y nos otorgan la bendición de nuestra nueva identidad en Cristo. Entonces, a medida que crecemos en comunión con Jesús, nos convertimos en una fuente de su bendición para todos los que nos rodean. Cuanto más crecemos en la unión con Jesús, más plenamente podemos entrar en su misión de "hacer participar a los hombres en la comunión que existe entre el Padre y el Hijo en su Espíritu de amor" (*CIC*, 850).

Las bendiciones de Dios son poderosas. Sin embargo, cuando la mayoría de nosotros escuchamos la palabra "bendición", nos vamos a dormir. Con demasiada facilidad reducimos la bendición a una oración rápida antes de las comidas o una respuesta a alguien que estornuda: "Dios te bendiga". En nuestro vocabulario ordinario, "bendición" parece bastante suave y superficial. Pero las bendiciones de Dios son mucho más. El *Catecismo* proporciona una visión muy necesaria de esta realidad tan profunda: "Dios, infinitamente perfecto y *bienaventurado en sí mismo,* en un designio de pura bondad ha creado libremente al hombre para hacerle partícipe de su vida bienaventurada" (*CIC*, 1, énfasis añadido) ; "Desde el comienzo y hasta la consumación de los tiempos, *toda la obra de Dios* es bendición" (*CIC*, 1079, énfasis añadido); "Bendecir es una acción divina que da la vida y cuya fuente es el Padre. Su bendición es a la vez *palabra* y *don*" (*CIC*, 1078, énfasis añadido).

A partir de estas descripciones, podemos identificar tres dimensiones importantes de la bendición: (1) la bendición se origina en el Padre, quien es eterna bienaventuranza; (2) La bendición es obra de Dios, donde nos comunica su vida; y (3) la bendición se comunica activamente a través de la palabra y el don. Entre todas las palabras que el Padre dice para bendecirnos, Jesús es la expresión más plena de su palabra y, por lo tanto, la mayor bendición posible (ver Jn 1:1). Asimismo, de sus muchos dones de gracia, el Espíritu Santo es, con mucho, su mayor don en el que todos los demás dones encuentran su significado (ver Hechos 2:38).

¿Puedes ver en esto cómo los sacramentos son expresiones poderosas de la bendición de Dios? "Por [el Verbo] derrama en nuestros corazones el don que contiene todos los dones: el Espíritu Santo" (*CIC*, 1082). ¿No es esto impresionante? El Dios todopoderoso que creó el universo se derrama libremente en nosotros a través de estos misterios sagrados. ¡Ah! ¿Qué podría ser más increíble y poderoso que esto?

Obtenemos una mirada del poder divino de los sacramentos al observar la bendición del Padre a Jesús en su Bautismo. Este evento marcador en la vida de Jesús es la fuente y el prototipo de todos los sacramentos de la nueva alianza. Escucha atentamente las palabras de afirmación del Padre mientras bendice la Palabra eterna: "Tú eres mi Hijo, hoy te he dado a la vida" (Lc 3:22). Estas palabras de deleite del Padre afirman la verdadera identidad de Jesús como su amado. El Padre entonces confirma sus palabras derramando el don de su Espíritu Santo, que desciende sobre Jesús y permanece con él, ungiéndolo con poder para su misión mesiánica.

Esta acción del Padre en el Bautismo de Jesús repite de muchas maneras la bendición que tuvo lugar en el momento de la concepción de Jesús, cuando el ángel Gabriel proclamó a María: "El Espíritu Santo descenderá sobre ti y el poder del Altísimo te cubrirá con su sombra; por eso el niño santo que nacerá de ti será llamado Hijo de Dios" (Lc 1:35). Observa nuevamente cuán dinámicamente la Palabra de Dios y el Espíritu obran juntos para comunicar la bendición del Padre, formando a Jesús en la palabra hecha carne.

En su libro *Unbound* [Desatado], Neal Lozano observa astutamente que toda la vida de Jesús es una participación continua en la bendición del Padre. El Padre bendijo a Jesús no una o dos veces sino continuamente. En los principales puntos de inflexión de su vida, el Padre proclamó públicamente estas bendiciones: "Jesús recibió bendiciones especiales de su identidad y destino en su concepción, durante su tiempo en el vientre materno, en su nacimiento, a través de su circuncisión y dedicación, en su bautismo, y en los puntos principales de su vida, antes de ir a la cruz"[1].

A través de cada una de estas efusiones de gracia, el Padre afirmó la identidad de Jesús para que todos la escucharan, mientras que el Espíritu Santo comunicaba íntimamente el amor del Padre. No importa cuántas veces el mundo *maldijo* o *alabó* a Jesús, él no recibió su identidad de las percepciones humanas de él. Su identidad permaneció firmemente arraigada en la bendición del Padre. Por eso, Jesús nunca asumió una identidad falsa del mundo o del padre de toda mentira.

Y así debe ser en cada una de nuestras vidas. La bendición de Dios nos afirma en la verdad de quienes somos y nos permite, a través del Espíritu Santo, vivir auténticamente, con una confianza cada vez mayor en los propósitos de Dios. Lozano elabora: "Al encontrar nuestra identidad en Jesús, recibimos las mismas bendiciones que él recibió del Padre cuando asumió nuestra humanidad. Así como María fue instrumento de esa bendición para Jesús . . . así que la Iglesia, el 'cuerpo de Jesús', está destinada a ser un instrumento de la bendición que es nuestra en Cristo"[2]. Al igual que con Jesús, el Padre nos bendice continuamente. Él ofrece bendiciones especiales en todos los grandes puntos de inflexión de nuestra vida: "Los siete sacramentos corresponden a todas las etapas y todos los momentos importantes de la vida del cristiano: dan nacimiento y crecimiento, curación y misión a la vida de fe de los cristianos" (*CIC*, 1210).

El Bautismo de Jesús proporciona un modelo de la forma en que el Padre nos consagra a cada uno de nosotros a través de los sacramentos. Vemos en este evento sagrado el poder de la Palabra de Dios, comunicada en medio del sacramento del Bautismo y recibida en el poder del Espíritu a través de la oración. Cada sacramento, inspirado en el Bautismo de Jesús, es una proclamación de la poderosa palabra de bendición de Dios sobre nosotros, que confirma nuestra verdadera identidad y misión en Cristo.

Las maldiciones son la antítesis de la bendición (ver Lc 6,20–26). Traen la muerte y la dificultad en lugar de la vida y la bondad (ver Dt 28). Las maldiciones son palabras y acciones engañosas y destructivas que nos derriban, debilitan nuestra determinación y nos menosprecian. Aunque tienen su origen en el padre de toda mentira, las maldiciones generalmente provienen de los pecados de otros, quienes a su vez han sido infectados por heridas y maldiciones similares. Estas palabras y acciones pecaminosas pueden dejar efectos devastadores y duraderos sobre nuestra identidad mientras infestan nuestras almas con las mentiras debilitantes del maligno. Al sembrar en nuestras almas y nuestros cuerpos semillas de discordia y desánimo, con el tiempo las maldiciones del maligno pueden causar enfermedades y finalmente la muerte (ver Sant 3,8–10; Dt 28).

Cuando son recibidas en nuestro espíritu, estas palabras y acciones destructivas tienen el poder de formar nuestra identidad en falsedad. Terminamos creyendo mentiras sobre nosotros mismos, Dios y los demás. A diferencia de las bendiciones, que confirman nuestra verdadera identidad y nos dan vida y salud, estas maldiciones solo sirven para reforzar nuestro falso yo, robándonos la alegría y la plenitud que Jesús nos prometió (ver Jn 10:10; 15:11).

Todos nosotros conocemos la experiencia de que nos lancen maldiciones a través de los ataques verbales de otras personas. Al crecer en mi vecindario, solíamos protegernos de estas maldiciones con una réplica familiar: "Los palos y las piedras pueden romper mis huesos, pero las palabras nunca pueden lastimarme". Estábamos equivocados, por supuesto, sobre el poder de las palabras. Las palabras pueden herirnos, y a menudo lo hacen, al igual que las acciones, cuando se apoderan de nuestro ser. Y los huesos suelen sanar mucho más rápido que nuestras almas heridas después de haber sido heridas por los insultos y las maldiciones de otras personas.

La Biblia deja muy claro que las palabras y los pensamientos son fuerzas dinámicas que pueden propagar el bien o el mal. Al contener poder espiritual, tienen la capacidad de bendecir o maldecir. Santiago no se anda con rodeos al hablar de estas realidades: "Nadie ha sido capaz de dominar la lengua. Es un azote que no se puede detener, un derrame de veneno mortal. Con ella bendecimos a nuestro Señor y Padre y con ella maldecimos a los hombres, hechos a imagen de Dios. De la misma boca salen la bendición y la maldición" (Sant 3,8–10).

—∾—

El poder de las palabras humanas para bendecir y maldecir adquirió una nueva profundidad de significado para mí hace unos años mientras estaba sentado en la casa de un amigo esperando que él regresara. Para pasar el tiempo, comencé a hojear un gran libro ilustrado en la mesa a mi lado. Cuanto más miraba y leía, más me interesaba y me daba cuenta de que el autor estaba dando una verificación científica del poder espiritual de la palabra hablada. Inmediatamente, pensé en los versículos de las Escrituras anteriores de Santiago.

El libro *Los mensajes ocultos en el agua*, escrito por el científico japonés Masaru Emoto, resultó ser un éxito de ventas del *New York Times*. Realizó su investigación para averiguar si las palabras y los pensamientos tienen poder en sí mismos para definir la realidad. Hablando palabras de bendición y maldición en recipientes de agua, posteriormente congeló el agua y la fotografió. Suena extraño, ¿no? Sin embargo, el doctor Emoto tenía un propósito. Él quería descubrir cómo las palabras habladas podrían afectar la estructura molecular del agua. Esto podría dar una idea del efecto que tienen las palabras y los pensamientos en nuestra salud y bienestar (dado que nuestro cuerpo está compuesto en un 70 por ciento de agua y nuestro cerebro en un 80 por ciento de agua).

Usando un microscopio, Emoto examinó las formaciones moleculares en el agua congelada y luego fotografió cada una de ellas. Los resultados fueron impresionantes y exactamente lo que la Palabra de Dios había predicho. Las palabras, pronunciadas con convicción, realmente tienen un tremendo impacto para bendecir y maldecir. Palabras como *feliz, bueno* y *amor* produjeron bellas y complejas imágenes llenas de luz en el agua congelada. Palabras como *deprimido, malo* y *odio* dieron como resultado imágenes oscuras, densas y feas cuando se examinaron de cerca las estructuras moleculares.

Después de realizar un estudio similar con arroz cocido, Emoto descubrió que el arroz "bendecido" permanecía blanco después de treinta días de recibir las palabras "Te amo", mientras que el arroz "maldito" se volvía negro y luego se descomponía después de treinta días de repetir la palabra "Tonto". Emoto también probó el poder de la oración y los resultados fueron igualmente sorprendentes. La oración, un medio principal para invocar la bendición de Dios, tiene un poder aún mayor para moldear y definir la realidad[3].

—∞—

La investigación del doctor Emoto confirmó lo que la Biblia ha dicho todo el tiempo: las palabras transmiten realidades espirituales y, de hecho, son bastante poderosas. Las palabras hirientes, recibidas en nuestras almas, pueden dañarnos para toda la vida. De la misma manera, las palabras de bendición pueden transformar nuestra vida para el bien. Todos sabemos esto por nuestra propia experiencia. Pero hay otro factor crucial a considerar en todo esto. Somos seres humanos con mente y voluntad, no simplemente recipientes pasivos de agua o terrones de arroz. La mayoría de las veces, podemos elegir activamente lo que creemos y lo que permitimos que nos impacte. En nuestro dicho infantil sobre palos y piedras, descubrimos una verdad parcial después de todo. Tenemos la capacidad de protegernos contra las palabras y los pensamientos para que no nos dañen eligiendo resistir o renunciar a su poder. Nuestra recepción o resistencia juega un papel muy importante.

Las palabras hirientes y otras maldiciones nos impactan en la medida en que permitimos que se instalen en nuestro ser. El autor John Eldredge sostiene que podemos protegernos del impacto dañino de los ataques verbales eligiendo no estar de acuerdo con las mentiras del enemigo[4]. Principalmente, depende de nosotros si permitimos que las palabras encuentren un hogar en nuestros pensamientos. Con palabras que ya nos han afectado, podemos renunciar a ellas y vencerlas respondiendo a una maldición con una bendición (ver Mt 5:44). Esto, creo, es lo que el sabio Salomón quiso decir cuando dijo: "Cuando se maldice sin motivo no pasa nada" (Prv 26:2).

Esta verdad funciona en ambos sentidos. Así como las malas palabras, pensamientos y acciones solo nos hacen daño cuando las recibimos en nuestro corazón y las creemos, lo mismo ocurre con las bendiciones. Solo recibimos los poderosos efectos de las bendiciones en nuestra vida cuando las dejamos entrar en nuestro espíritu y les damos el poder de echar raíces en nuestra mente y nuestro corazón. ¿Ves por qué la fe es tan crucial en nuestra vida espiritual, incluida la forma en que abordamos los sacramentos?

¿Qué crees sobre el poder de las palabras, los pensamientos y las oraciones para bendecir y maldecir? Tomemos un momento para explorar esto más a fondo.

Tómate un momento

1. ¿Cuál es tu reacción a la investigación de Emoto sobre el poder de las palabras y los pensamientos?
2. ¿Qué papel crees que juegan la fe y los acuerdos en la forma en que recibimos bendiciones y maldiciones?
3. Identifica dos formas específicas en las que has sido bendecido y maldecido. ¿Cómo influyeron en la forma en que te ves a ti mismo (tu identidad)?

—

Después de reflexionar sobre la conexión entre la investigación del doctor Emoto y la exhortación de Santiago, sentí el impulso de estudiar otros pasajes bíblicos y ver qué enseña la Iglesia sobre la bendición. Lo que descubrí continúa inspirándome y también me ha dado una mayor comprensión del poder sanador de los sacramentos. Empecé a darme cuenta de que los sacramentos, invocados por las poderosas palabras de Dios e infundidos por el Espíritu Santo, marcan el comienzo de la "creación nueva" (2 Cor 5:17). Como tales, siguen el mismo patrón de la primera creación, cuando Dios creó todas las cosas por medio de su palabra infalible y de su Espíritu (ver Gn 1).

¿Alguna vez has notado este fenómeno a lo largo de la Biblia? Cuando el Todopoderoso habla, suceden cosas asombrosas, a veces gradualmente y otras instantáneamente. La Palabra de Dios es poderosa y eficaz, siempre creando y configurando la realidad dondequiera que se pronuncie (ver Is 55:11; Heb 4:12). Vemos este patrón comenzando en el libro de Génesis, cuando Dios *ordenó que existiera la creación*. "Desde el comienzo, Dios bendice a los seres vivos, especialmente al hombre y la mujer" (*CIC*, 1080).

Meditando en la historia de la creación, noté que cuando Dios creó el mundo a través de sus palabras y de su Espíritu, todo fue creado para ser un regalo para nosotros. ¡Luego bendijo cada parte y partícula de su creación! Le habló al agua (y probablemente también al arroz) y lo llamó "bueno" (resulta que Emoto simplemente estaba imitando a Dios). Sin embargo, cuando Dios creó a los seres humanos, nos dio una doble bendición, infundiendo nuestra alma con su propio Espíritu y proclamando que somos "muy buenos" (Gn 1,26–31).

Permíteme decir eso nuevamente (porque necesitamos dejar que penetre en nuestros corazones). Dios mismo te bendijo a ti y a mí desde el principio. Nos llamó *muy buenos* porque estamos hechos a su imagen y semejanza, y sopló en nosotros su Espíritu. Su naturaleza divina vive en nosotros. ¿Por qué nos cuesta tanto creer todo esto? ¿Es porque hemos permitido que las maldiciones resultantes de nuestras heridas y nuestros pecados definan nuestra identidad? Esta es la conclusión a la que llegué a medida que continuaba estudiando las Escrituras.

Sabemos por la Biblia y la enseñanza de la Iglesia que toda la raza humana perdió la bendición del paraíso cuando nuestros primeros padres se dejaron engañar por el padre de toda mentira y rechazaron la bendición del Padre (ver Gn 3,1–15; Jn 8,41–45). Por eso, san Juan Pablo II concluye: "En la raíz del pecado humano está la mentira como radical rechazo de la verdad contenida en el Verbo del Padre"[5]. Bajo la influencia de Satanás, Adán y Eva negaron no solo la bondad de Dios sino también de su propia bondad. Por su libre elección, invitaron las maldiciones diabólicas de Satanás al mundo y a sus propios cuerpos y almas al creer sus mentiras sobre el Padre y ellos mismos. Arruinaron el paraíso (un estado de bendición perpetua) no solo para ellos sino también para el resto de la creación de Dios.

Al negar Adán y Eva la bondad de Dios, le dieron la espalda a su amor y generosidad infalibles, perdiendo así los preciosos dones de la comunión, la seguridad y la vida eterna para todos nosotros (ver Gn 2 y 3). Aunque Dios todavía los amaba y protegía, nuestros primeros padres tuvieron miedo y se escondieron avergonzados. Ya no podían creer en el amor de Dios ni sentir su presencia. Lo más probable es que se sintieran impotentes, desesperados y confundidos. Por eso, las siete heridas mortales fueron introducidas en la conciencia humana. Desde entonces nuestros pecados personales continúan perpetuando estas heridas mortales y manteniéndonos atados a las mentiras de identidad.

Heridas	Mentiras de identidad
Rechazo	No soy amado; no soy querido.
Abandono	Estoy solo; a nadie le importo.
Impotencia	Me siento abrumado; no puedo hacer nada.
Confusión	No entiendo; no tiene sentido.
Miedo	Si confío, seré herido; No estoy a salvo.
Vergüenza	Soy malo, sucio, estúpido, etcétera; todo es mi culpa.
Desesperanza	Las cosas nunca cambiarán; estoy cansado.

Observa en la tabla anterior cómo cada una de las siete heridas mortales está acompañada por las mentiras de identidad correspondientes. Estas mentiras impactan poderosamente lo que creemos sobre nosotros mismos y bloquean efectivamente nuestra capacidad de recibir las bendiciones del Padre en nuestra vida. Por ejemplo, si llevas una herida del rechazo, puedes creer que no eres amado ni querido, ni siquiera por Dios. Es posible que vivas en el auto-rechazo y sin saberlo rechaces el amor que viene de las personas que te rodean. En tal escenario, puede ser bastante difícil aceptar tu identidad verdadera y eterna como el amado del Padre. Este mismo patrón se mantiene con cada una de las heridas mortales. Las mentiras de identidad nos impiden conocer nuestra verdadera identidad y vivir en la plenitud que Dios tiene para nosotros. Recuerda la intuición de san Juan Pablo II: en la raíz del pecado está la *mentira*, que rechaza la bondad del Padre.

¿Ves por esto por qué el *pecado* es una realidad tan terrible? Al bloquear la bendición del Padre, el pecado nos separa de la vida en el Espíritu e infecta a todo el género humano con las mentiras del maligno.

Las heridas del pecado efectivamente nos separan del amor del Padre y destruyen y obstaculizan el flujo de bondad y bendición que el Padre desea derramar sobre sus hijos por pura gracia (ver Sant 1,14–17). Para colmo de males, después de que el padre de toda mentira nos aparta de Dios, nos convence de que nuestros defectos nos hacen desagradables.

Cada área de herida se convierte en tierra fértil para que las mentiras del enemigo se implanten en nuestras mentes y nuestros corazones. Con el tiempo, estas heridas y mentiras del mal se convierten en la base de nuestra falsa identidad. Debilitando nuestra determinación y menospreciando nuestra dignidad, desfiguran la imagen de Dios dentro de nosotros. Estas mentiras de identidad profundamente arraigadas distorsionan la visión que tenemos de nosotros mismos. También distorsionan nuestra percepción de los demás, lo que nos lleva a juzgarlos falsamente. Lo que es más importante, distorsionan nuestra percepción de Dios, impidiéndonos ver su bondad y confiar en él con todo nuestro corazón. Estas mentiras pueden seguir siendo influyentes en nuestras vidas mucho después de que obtengan acceso a través de los efectos hirientes del pecado. Incluso después de haber recibido el don del Espíritu a través de los sacramentos, estas heridas y mentiras aún pueden mantenernos aprisionados en una identidad falsa.

Mientras he viajado con muchas personas en su proceso de sanación a lo largo de los años, he llegado a ver que todos nosotros hemos sido afectados por estas mentiras sobre nosotros mismos y Dios. De una forma u otra, cada uno de nosotros ha sido acosado por estas siete heridas mortales. Como mencioné anteriormente, creo que son los efectos primordiales del pecado original[6]. Es posible que no reconozcamos de inmediato estas heridas y mentiras en nuestras vidas porque muchos de nosotros hemos ocultado nuestro quebrantamiento, incluso de nosotros mismos. Pero debajo de estas fachadas, todos estamos heridos de manera similar.

Aunque las circunstancias de nuestras heridas difieren mucho en magnitud, estas heridas se han transmitido de generación en generación, a través de nuestros pecados personales y los pecados de los demás. Nadie está exento. Estas heridas mortales (rechazo, abandono, vergüenza, miedo, confusión, impotencia y desesperanza) son universales[7]. Son a la vez causa y consecuencia de nuestro pecado personal[8].

—~—

¿No es claro por todo lo que hemos estado hablando que necesitamos desesperadamente un redentor, uno dispuesto a tomar todas estas maldiciones en la cruz y devolver solo bendiciones en su lugar (ver Gal 3,13; Lc 6:28) ? Esta es la razón principal por la que Jesús vino a la tierra: para revelarnos la verdadera imagen del Padre y restaurar en la creación todo lo que ha sido herido por la maldición del pecado. Por dondequiera que iba, sus palabras y sus acciones se convertían en signos de la presencia y la bendición del Padre (ver Jn 2:11). Jesús conocía su verdadera identidad y vivía en constante comunión con el Padre.

A través de las poderosas palabras y los gestos de Jesús, las bendiciones transformaron las maldiciones y la materia simple se infundió con una gracia sobrenatural. Los ojos ciegos recobraron la vista (ver Mc 8,22–25); los pecadores recibieron el perdón (ver Lc 5:20); el agua se convirtió en vino (ver Jn 2,1–11); y después de las poderosas palabras de bendición de Jesús, el pan bendito se convirtió milagrosamente en su cuerpo y el vino se transformó en su sangre (ver Mt 26,26–28). A través de sus palabras, dichas con la autoridad de su Padre y el poder del Espíritu Santo, Jesús literalmente redefinió la realidad y redimió la creación. Fue más allá de anular las maldiciones de la caída; convirtió estas maldiciones en bendiciones aún mayores. Su crucifixión y su resurrección son los ejemplos más asombrosos de cómo las bendiciones triunfan sobre las maldiciones.

La fe, por supuesto, desempeñó un papel vital en todo lo que Jesús logró, tal como lo hace en nuestras vidas. Creyendo que su Padre haría lo que prometió, Jesús habló con total autoridad y confianza en las poderosas palabras de su Padre (ver Mc 1:22). Lamentablemente, la mayoría de las personas con las que Jesús interactuó no creyeron sus palabras y malinterpretaron sus acciones. Ellos sufrieron como resultado de su incredulidad; no recibieron las abundantes bendiciones que Jesús anhelaba darles (ver Mt 13:58; Jn 6:66). En marcado contraste, aquellos que creían en las enseñanzas de Jesús y buscaban su toque sanador se volvieron cada vez más completos mientras disfrutaban con gracia de su bendición divina (ver Mt 12:15, Lc 6:19). Las Bienaventuranzas nos muestran que, para recibir la bendición de Dios, debemos acercarnos con la humildad y la fe de niños: "Felices los que tienen el espíritu del pobre, porque de ellos es el Reino de los Cielos" (Mt 5:3).

—~—

Jesús formó a sus discípulos a confiar en la bondad del Padre con la fe de un niño. Finalmente, les confió la misma autoridad y poder para bendecir que recibió de su Padre. Ellos, a su vez, transmitieron este mismo poder y autoridad a otros que eran pobres de espíritu para que la misión de transformación del Padre continuara hasta el regreso de Jesús (ver Hch 20:28; *CIC*, 861). Esta transmisión de la autoridad del Padre para bendecir es el origen y el propósito del Orden Sagrado y la fuente de todos los demás sacramentos.

En los santos sacramentos que instituyó, Jesús mismo está vivo y presente, actuando por su palabra y derramando su Espíritu. Él continúa realizando su obra de bendición a través de sus representantes elegidos. Como el padre Dave Pivonka, T.O.R., afirma en su libro *Breath of God* [Aliento de Dios], Jesús continúa esta obra sobrenatural a través de los elementos simples de la naturaleza: "¡Qué tremendo regalo tenemos en los sacramentos, los canales de gracia que el Señor ha escogido usar para nuestra santificación y salvación! Cada vez que se vierte agua, se parte el pan, se ungen los cuerpos o se intercambian votos, el Espíritu de Dios llena a los participantes con su gracia celestial. No estoy seguro de que alguien pueda comprender completamente el poder y la belleza de los sacramentos. Quizás una de las razones es que son tan modestos y humildes. Elementos simples como el agua, el pan, el vino y el aceite se utilizan para sustentarnos, sanarnos y transformarnos"[9].

—~—

Jesús dijo: "Ahora todo lo hago nuevo" (Ap 21:5). Los sacramentos son las bendiciones de su nueva creación. La siguiente tabla muestra cómo los diversos sacramentos realizan este proceso de transformación en unión (sanación, identidad y misión) al *sanar* nuestras heridas, bendecir nuestra *identidad* y llamarnos a compartir su *misión*. Esta tabla también sirve como una descripción general de los próximos siete capítulos.

Sacramentos (de Cristo)	Sanación (de heridas)	Identidad (en Cristo)	Misión (con Cristo)
Bautismo	Rechazo	Amados por el Padre	Imitar el amor del padre
Sagrada Comunión	Abandono	Presencia permanente	Encarnar la presencia de Cristo
Confirmación	Impotencia	Ungido con poder	Ministrar en el poder del Espíritu
Orden Sagrado	Confusión	La autoridad del Padre	Restaurar la santa autoridad
Matrimonio	Miedo	El amor fiel de Dios	Representar el amor fiel de Cristo
Reconciliación	Vergüenza	Puro e inmaculado	Extender la misericordia del Padre
Unción de los Enfermos	Desesperanza	Resucitado	Difundir la esperanza y la sanación de Cristo

Mirando la tabla de izquierda a derecha, observa cómo los siete sacramentos sanan las siete heridas mortales y nos llevan a nuestra verdadera identidad y misión en Cristo.

En el Bautismo, recibimos la bendición del Padre a través de la palabra y del Espíritu. Esta gracia sana las heridas del rechazo cuando compartimos la identidad de Jesús como *el amado por el Padre* y nos permite encarnar el amor del Padre en un mundo hambriento de él.

En la Sagrada Comunión, el cuerpo y la sangre preciosos de Jesús comunican su *presencia permanente*, sanando potencialmente las heridas del abandono en nosotros y en todas nuestras relaciones.

En la Confirmación, somos *ungidos con poder* por el Espíritu Santo para participar en la misión de Cristo de sanar las heridas de la impotencia en nosotros mismos y en aquellos a quienes ministramos.

A través del Orden Sagrado, un hijo amado opera en la *autoridad de su Padre* para bendecir a todos los que se acercan a Dios en humilde sumisión, sanando así las heridas de la confusión y el desorden que resultan de la rebelión del mundo.

En el sacramento del Matrimonio, un hombre y una mujer se convierten en imagen del *amor fiel de Dios*, superando así las heridas del miedo y la desconfianza que se han acumulado en las relaciones rotas desde el principio de los tiempos.

En el sacramento de la Reconciliación, un pecador es liberado de la vergüenza y sanado de los efectos del pecado, llegando a ser progresivamente más como Cristo mismo—*puro e inmaculado*—mientras participa en su ministerio de reconciliación.

En la Unción de los Enfermos, una persona enferma es *resucitada* en Cristo y se le da esperanza para su resurrección final de entre los muertos, venciendo las heridas de la muerte y la desesperanza.

—∞—

¿Puedes ver cómo los sacramentos nos sanan, restauran nuestra identidad y nos capacitan por su Espíritu para participar en la misión de Cristo (ver *CIC*, 1210–1666)? Todo esto cobra sentido cuando entendemos el propósito y el poder de la bendición de Dios. Su palabra y Espíritu se derraman sobre nosotros para que podamos volver a tener una relación íntima a través de la sanación, la identidad y la misión.

La investigación del Dr. Emoto nos ayuda a comprender cómo se desarrolla esto. Las palabras pronunciadas con convicción, en el poder del Espíritu, son poderosas fuerzas de transformación. Crean la realidad que proclaman. Si esto es cierto para nuestras palabras humanas, ¿cuánto más para las palabras de bendición de Dios que dan vida, que son vivas y activamente creativas? Cuando se reciben con fe y un corazón abierto, las bendiciones de Dios tienen el poder de transformar cada aspecto de nuestras vidas y llenarnos con la vida divina de Dios.

No hay límite para el poder de Dios. ¿Cómo no podemos ser bendecidos cuando estamos en Cristo y él está en nosotros? San Pablo lo expresó de esta manera: "Ahora no vivo yo, es Cristo quien vive en m" (Gal 2:20). No estaba hablando solo de su propia identidad y misión, sino también de la nuestra: "Estoy convencido, hermanos, de que también ustedes están *llenos de buena voluntad*" (Rom 15:14, énfasis añadido). Esa bondad dentro de cada uno de nosotros es el Espíritu Santo, a quien recibimos y confiamos diariamente en los sacramentos. Solo él es capaz de formar la imagen de Cristo en nosotros. Mientras estemos dispuestos a cooperar, el Espíritu Santo está obrando activamente en nosotros, haciéndonos cada vez más completos y santos. Nuestra respuesta de fe—nuestro sí, como el fíat de María en la anunciación—es de vital importancia para recibir todas las bendiciones que el Padre desea derramar sobre nosotros.

La generosidad del Padre es asombrosa, ¿no es así? Tomemos un momento para reflexionar sobre esto para que podamos apropiarnos más plenamente de estas realidades personalmente en nuestra vida diaria.

Tómate un momento

1. ¡Cuenta tus bendiciones! ¿Cómo te ha bendecido el Padre a través de la creación y a través de sus sacramentos? Identifica algunas formas específicas.
2. Explica cómo las palabras de Jesús crean nuevas realidades. ¿Cómo se transmite este poder a través de los sacramentos de la Iglesia?
3. ¿De cuál de las siete heridas mortales eres más consciente en tu vida? ¿Cuál de las mentiras de identidad enumeradas en la tabla en la página 30 tiene el control más fuerte en tu vida?
4. Al repasar la tabla de la página 30, ¿cuáles de las nuevas identidades en Cristo son más visibles en tu vida? ¿Qué sacramentos están asociados con esas identidades?

Meditación en las Escrituras

El siguiente pasaje de Efesios 1 relata muchas de las bendiciones que recibimos en Cristo a través de los sacramentos y la oración. Lee este pasaje en oración tres veces, pidiéndole al Espíritu Santo que revele lo que desea que tú recibas:

1. Mientras lo lees por primera vez, pon atención a las palabras o las frases que hablan a tu corazón.
2. La segunda vez, lee aún más despacio y permite que el Espíritu Santo resalte los sacramentos implicados en estas bendiciones específicas.
3. La tercera vez, léelo muy despacio, pidiéndole al Espíritu Santo que te muestre cómo el Padre desea bendecirte personalmente ahora.

Bendito eres

"¡Bendito sea Dios, Padre de Cristo Jesús nuestro Señor, que nos ha bendecido en el cielo, en Cristo, con toda clase de bendiciones espirituales! En Cristo Dios nos eligió antes de la fundación del mundo, para estar en su presencia santos y sin mancha. En su amor nos destinó de antemano para ser hijos suyos en Jesucristo y por medio de él. Así lo quiso y le pareció bien para alabanza de la gracia gloriosa que nos hacía en el Bien Amado" (Ef 1,3–6).

Oremos

Reza en voz alta las poderosas palabras del Salmo 103, pidiéndole al Espíritu Santo que te capacite para alegrar el corazón del Padre mientras pronuncias palabras de bendición en adoración hacia él, en expresión de gratitud por su gran amor y su generosidad hacia ti a través de los sacramentos de la redención de Cristo.

Bendice al Señor

"Bendice al Señor, alma mía, alabe todo mi ser [tu] santo Nombre.
Bendice, alma mía, al Señor, y no olvides ninguno de sus beneficios.
El perdona todas [mis] ofensas y [me] cura de todas [mis] dolencias.
El rescata [mi] vida de la tumba, [me] corona de amor y de ternura.
El colma de dicha [mi] existencia y como el águila se renueva [mi] juventud . . .
El Señor es ternura y compasión, lento a la cólera y lleno de amor; si se querella, no es para siempre, si guarda rencor, es sólo por un rato . . .
Bendigan al Señor todas sus obras, en todos los lugares de su dominio.
¡Bendice, alma mía, al Señor!" (Sal 103,1–5. 8–9, 22).

3

EL AMADO DEL PADRE

Cómo el Bautismo sana las heridas del rechazo

Como el Padre me amó, así también los he amado yo: permanezcan en mi amor.

Juan 15:9

"¡Cada niño un niño deseado!" Es posible que reconozcas este eslogan como el grito de guerra de la organización Planned Parenthood [Paternidad Planificada] durante muchas décadas. Sospecho que se originó a partir de la experiencia de vida de su fundadora, Margaret Higgins Sanger. Según sus biógrafos, Sanger creció como la hija del medio en una familia de once hijos. Su madre, una católica devota, murió a la edad de cuarenta y nueve años. El padre de Sanger, aunque también católico bautizado, se volvió cada vez más antagónico al cristianismo a lo largo de su vida. Los biógrafos de Sanger informan que bebía mucho, mantenía mal a su familia y pasaba gran parte de su tiempo y energía despotricando contra la moralidad cristiana[1].

Ver a su madre sufrir múltiples abortos espontáneos mientras cuidaba de una familia numerosa y en crecimiento sin el apoyo financiero o emocional de su padre debe haber sido muy difícil para la joven Sanger. No es difícil imaginar que se vio a sí misma como el prototipo de niña ignorada. Sus biógrafos atestiguan que la visión del mundo de Sanger fue moldeada intrínsecamente por la muerte prematura de su madre, que Sanger atribuyó a demasiados embarazos y abortos espontáneos. Según los informes, en el funeral de su madre, Sanger le gritó a su padre: "Tú causaste esto. ¡Madre ha muerto por tener demasiados hijos!"[2]. Podrías pensar que se identificaría más con su madre, a quien amaba. Pero, en cambio, Sanger, jurando escapar del destino de su madre, siguió los pasos de su padre, criticando todo lo sagrado. Dada su experiencia de vida cuando era niña, aceptó de buena gana la histeria popular sobre la superpoblación en el mundo y abrazó la eugenesia, una filosofía que buscaba eliminar a los miembros "indignos" de la sociedad para formar una raza superior[3].

Estas percepciones de la niñez y la juventud de Sanger dan sentido a su desdén por el cristianismo y su ardiente pasión por "salvar" a las mujeres y a la sociedad de la carga de los niños "no deseados". Tanto sus opciones de vida personal como su trabajo "misionero" para establecer Planned Parenthood revelan su celo devorador para evitar el nacimiento de cualquier niño que ella creía que podría ser una carga para la familia o la sociedad. Además, prometió salvar a todas las mujeres de lo que consideraba la triple tiranía de la fe, el matrimonio y la maternidad[4]. El control de la natalidad y el aborto eran los "sacramentos" preferidos en la religión de Sanger. A través de su influencia, se han convertido en la religión práctica en gran parte de la civilización occidental.

El mensaje anti-evangélico de Sanger, al que san Juan Pablo II se refirió como el "evangelio de la muerte", no es original de ella. También podríamos referirnos a él como un "evangelio del rechazo". De hecho, comenzó en el principio de los tiempos cuando Lucifer rechazó por primera vez el amor de Dios y extendió esta herida cancerosa de rechazo por todo el mundo. Después de engañar a nuestros primeros padres para que desconfiaran del amor del Padre, ha estado en una misión para "robar, matar y destruir" cada vida desde entonces (Jn 10:10).

A primera vista, el lema de Sanger de "Cada niño un niño deseado" suena inquietantemente similar a la enseñanza de la Iglesia, pero en realidad se opone directamente. La solución de Sanger fue *rechazar* y eliminar a cualquier niño *no deseado* por la familia o la sociedad. La Iglesia, en cambio, valora toda vida humana y cree que todo niño es deseado y digno de ser acogido en el mundo con amor. Kimberly Hahn expresa bellamente la posición de la Iglesia en unas pocas palabras: "Los niños son solo y siempre una bendición . . . Tienen valor por sí mismos porque fueron creados por Dios a su imagen. Los niños son pura bendición"[5].

En la casa del Padre no hay hijos no deseados, solo aquellos que aún no han alcanzado su verdadera dignidad. En el reino de Dios, *todo niño es un niño deseado* porque cada persona es creada por Dios y escogida en Cristo desde la fundación del mundo (ver Ef 1:4; *CIC*, 1077). En el corazón del Padre, no hay niños descartables o desechables, ni adultos para el caso. Todos somos queridos y tenemos un valor inestimable porque estamos hechos a imagen y semejanza de nuestro Dios, que es amor (ver 1 Jn 4:8).

El evangelio de la vida y el amor es mejor ejemplificado por otra mujer, santa Teresa de Calcuta, quien a lo largo de su vida y obra misionera, reverenció la imagen de Dios en cada persona. Defendiendo la vida, amaba a cada persona que encontraba, brindando especial cuidado a aquellos a quienes el mundo consideraría inadecuados y no deseados. En definitiva, invitó a los marginados y descartados de la sociedad a experimentar el amor íntimo de Jesús, llevando a muchos a recibir su verdadera dignidad en el sacramento del Bautismo. En la cosmovisión de santa Teresa, realmente no había niños no deseados, solo aquellos que aún no habían sido completamente bendecidos[6].

El Bautismo es una bendición pública que declara que tú y yo somos regalos preciosos e irrepetibles del Padre. Al restaurar nuestra relación con Dios, el Bautismo sana fundamentalmente las heridas del rechazo que han plagado a la raza humana desde nuestra caída de la gracia. Aunque Dios nunca rechazó a Adán y Eva, su decisión de rechazarlo a él invitó a una maldición de rechazo al mundo, que ha infectado a toda la humanidad. Posteriormente, cada niño nacido en este mundo está marcado con una deficiencia inherente debido al pecado original (ver Rom 6; *CIC*, 396–398). Fuera del bautismo permanecemos separados del amor y el deleite del Padre.

En Cristo (a través del Bautismo), esta maldición primordial del rechazo es superada al recibir la bendición del Padre y ser elevados a participar de su amor trinitario. Así comienza el largo camino de sanación y reintegración, donde el Espíritu Santo, con nuestra cooperación, nos restaura a la plenitud y restablece nuestra identidad a imagen de Dios. Llegamos a ser, como dice san Pablo, "una creación nueva" en Cristo: "Toda persona que está en Cristo es una creación nueva. Lo antiguo ha pasado, lo nuevo ha llegado. Todo eso es obra de Dios, que nos reconcilió con él en Cristo y que a nosotros nos encomienda el mensaje de la reconciliación" (2 Cor 5,17–18).

En el Bautismo recibimos la bendición que el Padre concedió a Jesús en su Bautismo: "Este es mi Hijo, el Amado; en él me complazco" (Mt 3:17). Unidos con Cristo, nos convertimos en los amados del Padre en quien él se deleita. El mismo Espíritu Santo que descendió como don sobre Jesús también viene a habitar en nosotros. A través de este renacimiento sobrenatural, el Padre derrama su amor como puro don, lavándonos (por la sangre de Jesús y el símbolo del agua) de todo lo que nos contamina y llenando nuestros corazones con su amor. En este proceso de limpieza y regeneración, todo bautizado es sellado como hijo amado del Padre.

Como puerta de entrada a nuestra vida en el Espíritu (ver *CIC*, 1213), el Bautismo está en el centro mismo del evangelio de la vida y el amor, comunicando a las profundidades de las almas individuales las gracias sobrenaturales que fluyen de la vida, muerte y resurrección de Jesús. En este rito sagrado, somos limpiados, firmados, sellados y liberados; rescatados de las garras del mal que buscaría matarnos y destruirnos; y llevado a salvo a las manos de nuestra familia celestial (ver Rom 8:16; Ef 1,3–14; 1 Jn 3:2; *CIC*, 1213, 1216, 1234 y 1279).

—⁂—

La gracia del Bautismo está más allá de cualquier cosa que podamos comprender con nuestras mentes finitas. Pero si eres como yo, sientes el dolor de la brecha entre esta realidad objetiva y la mayoría de nuestras experiencias subjetivas. ¿Cómo podemos creer que lo que enseña la Iglesia es verdad cuando no vemos la evidencia completa de estas realidades dentro de nosotros mismos y en el mundo que nos rodea? Si el Bautismo es realmente tan poderoso, y creo que lo es, ¿no deberían nuestras vidas parecerse más a la de Jesús?

¿Cómo puede parecer que la misma gracia que permite que la Madre Teresa o Juan Pablo II se conviertan en santos no tenga un efecto perceptible en los demás? Dado el hecho de que todos recibimos objetivamente el mismo don del Espíritu Santo en el Bautismo, ¿cómo es posible que algunos de nosotros amen y confíen en Dios mientras que otros viven en oposición radical a su identidad y llamado bautismal, rechazando a Dios por completo? ¿No están llamados los hijos amados a ser imitadores de su Padre (ver Ef 5:1)? ¿Cómo es posible que los que han sido sellados por el Espíritu Santo y librados del mal, den la espalda y se hagan imitadores del padre de toda mentira?

A juzgar estrictamente por la vida de muchos de los que son bautizados, es tentador creer que el Bautismo es una superstición tonta, solo un ritual vacío y sin sentido, sin consecuencias reales. ¿Cómo reconciliamos a todos aquellos que dicen ser cristianos, pero son seducidos por el espíritu del Anticristo? ¿Cómo reconciliamos la enseñanza de Jesús y su Iglesia con la realidad de que muchos bautizados no logran vivir desde su verdadera identidad como hijos amados suyos?

Como yo mismo he luchado con esta pregunta, he encontrado perspicacia en estas palabras del padre Raniero Cantalamessa, el predicador doméstico de los últimos tres papas: "La teología católica puede ayudarnos a entender cómo un sacramento puede ser válido y legal pero 'inédito' . . . si su fruto queda atado o sin usar . . . Los sacramentos no son ritos mágicos que actúan mecánicamente, sin el conocimiento o la colaboración de las personas El fruto del sacramento depende totalmente de la gracia divina; sin embargo, esta gracia divina no actúa sin el 'sí'—el consentimiento y la afirmación—de la persona"[7].

Cuando leo la explicación del padre Cantalamessa, me ayudó a entender cómo tanto santa Teresa de Calcuta como Margaret Sanger podían ser bautizadas cuando eran niñas, pero con resultados tan diferentes. Aparentemente ambas recibieron el don del Espíritu Santo con todas las gracias sobrenaturales que lo acompañaban, pero de las dos, parece que solo santa Teresa pasó su vida aprovechando estas gracias imitando a su Padre celestial, compartiendo su amor y afirmando la dignidad de cada persona viéndolos como hijos amados del Padre. Ella disfrutó del resplandor del amor generoso del Padre y participó en la sanación de las heridas del rechazo dondequiera que iba. Sanger, por otro lado, con toda evidencia, siguió el ejemplo de su padre humano, desdeñando su Bautismo y rechazando públicamente a Cristo y a su Iglesia. Al tratar de "salvar" a los niños y las mujeres de experimentar el rechazo, promulgó la herida primordial del rechazo en todo el mundo. Parece que las gracias de su Bautismo permanecieron "inéditas".

¿Qué te dice esto sobre el poder del sacramento del Bautismo y lo que es necesario para que vivamos más plenamente en estas gracias?[8] Tomemos un momento para reflexionar sobre esto más deliberadamente.

Tómate un momento

1. ¿Crees que eras un niño deseado? ¿Por qué o por qué no?
2. ¿Qué crees que sucede cuando alguien se bautiza? ¿Cuál es nuestra responsabilidad en vivir las gracias de nuestro Bautismo?

Me pregunto cómo habría respondido Margaret Sanger a estas preguntas de reflexión. Dudo seriamente que ella viera su Bautismo como algo más que un ritual religioso vacío o un yugo de esclavitud que la confina, especialmente más tarde en su vida. No puedo imaginar que se viera a sí misma como una hija amada del Padre o que la realidad del *buen Padre* existiera en su mente. ¿Cómo podría ver su propia vida como un regalo cuando veía las vidas de los demás como inútiles o desechables? Me pregunto si ella creía que era una niña no deseada.

Aunque la joven Sanger presumiblemente fue bautizada en el amor de Dios por sus padres, dudo que supiera mucho sobre el amor de Dios o su valor a los ojos de Dios. Si lo hizo, debe haberlo rechazado en algún momento de su vida debido a sus imágenes distorsionadas de Dios. La historia muestra que ella no era una "imitadora de Dios" en lo que enseñaba o en cómo vivía. Su camino de "salvación" fue en realidad un camino de destrucción para muchos de sus discípulos que, como ella, tienen su identidad bautismal robada por el padre de las mentiras.

De ninguna manera esto pretende ser una condena de Margaret Sanger como persona, sino más bien un ejemplo de los peligros de rechazar nuestra identidad bautismal. Mientras escribo esto, oro para que ella todavía pueda recibir plenamente la misericordia de Dios que se le ofreció cuando era una niña en el Bautismo. Como muchos de nosotros, creo que ella fue engañada al escuchar la voz del que vino a robar, matar y destruir las bendiciones de Dios (ver Jn 10:10). En algún momento de nuestras vidas, probablemente todos hemos sido seducidos por el padre de toda mentira y hemos sido conducidos por caminos destructivos.

Pocos de nosotros ya somos maduros en santidad como santa Teresa de Calcuta o san Juan Pablo II. Si somos honestos con nosotros mismos, podemos reconocer que amamos pobremente a Dios y a los demás la mayor parte del tiempo. Muchos de nosotros todavía tenemos que lidiar con heridas significativas de rechazo en nuestras vidas, y aunque no queremos reconocerlo, estas heridas aún causan daño a otros a través de nosotros. De todos los monstruos internos que nos aterrorizan, el rechazo (creer que no somos amados ni dignos de ser amados) es uno de los peores. *El sentimiento de rechazo es una experiencia del infierno.* La mayoría de nosotros haría casi cualquier cosa para salvarnos a nosotros mismos y a quienes nos rodean de este trauma.

Donna, una mujer con la que oré durante un servicio de sanación, es un excelente ejemplo de cómo nuestras heridas no sanadas pueden hacer que nos lastimemos a nosotros mismos y a los demás sin darnos cuenta. Por el contrario, su proceso de sanación es un hermoso recuerdo de nuestra herencia bautismal como hijos amados del Padre, mostrando cómo su amor misericordioso sana las heridas del rechazo en nosotros y nos permite contagiar su amor a los demás.

Criada en una buena familia cristiana, una donde la fe seguía siendo de importancia central, Donna recibió el sacramento del Bautismo cuando era niña. Sus padres tomaron en serio su responsabilidad de criarla en la fe. Las prácticas religiosas de Donna siguieron siendo importantes para ella incluso durante los muchos años en que se sintió alejada de Dios e indigna de su amor. Un profundo momento de gracia llegó durante un servicio de sanación cuando buscó la misericordia del Padre. Después de confesarse por primera vez en veinte años y recibir el perdón del Señor, el sacerdote la animó a recibir oración extra por la sanación.

Donna se dirigió a la parte trasera de la iglesia y me tocó el hombro. Antes de que pudiera decirme una palabra sobre lo que estaba mal, se echó a llorar. Acercándose lo suficiente para que nadie más pudiera escuchar lo que estaba a punto de decir, susurró: "Tuve tres abortos. Acabo de confesarme y el sacerdote me dijo que te buscara para orar más".

Casi toda la vida adulta de Donna se había visto ensombrecida por este secreto opresivo y la culpa y el odio a sí misma que la acosaban todos los días de su vida. Mi corazón se rompió por ella y por sus hijos abortados cuando relató cómo había sufrido personalmente y sin saberlo causó un sufrimiento horrible a estos niños inocentes. Aunque el sacerdote la había perdonado objetivamente en la confesión, me dijo que no podía recibir la misericordia de Dios, ni que jamás podría perdonarse a sí misma.

Yo sabía que ninguna de mis palabras podría penetrar la fortaleza de su desprecio por sí misma, que guardaba torrentes de dolor y horror enterrados en lo más profundo de su corazón. Después de encontrar un espacio tranquilo donde pudiera compartir libremente, le pregunté si podíamos orar. Cuando ella accedió, juntos le pedimos al Espíritu Santo que nos revelara todo lo que quería que Donna supiera.

Después de unos minutos de silencio al escuchar la oración, pude ver que las expresiones faciales de Donna se relajaban mientras parecía estar recibiendo nuevas ideas del Espíritu Santo. Cuando estuvo lista, comenzó a hablar estas revelaciones en voz alta:

> Ahora entiendo por qué hice lo que hice. Me he sentido rechazada toda mi vida. No sé por qué. Mis padres son personas cariñosas, pero nunca pude creer que me amaban o que yo era amada. De alguna manera, los arrebatos de ira de mi madre a principios de mi vida me hicieron sentir que no me querían desde el principio. Tampoco creo que ella estuviera lista para mí cuando quedó embarazada. Siempre sentí que yo era una carga para ella.
>
> Cuando me quedé embarazada por primera vez siendo adolescente, lo primero que pensé fue que "todos me rechazarán cuando se enteren". Lo que yo más temía era la reacción de mi madre. Pero me dije a mí misma: "Esa no es razón para abortar". Yo sabía que estaba mal. Luego vino un segundo pensamiento, que me convenció de que yo tenía que *proteger* a este bebé dentro de mí para que no se sintiera rechazado toda su vida porque sería "ilegítima". No podía soportar la idea de que ella pasara toda su vida sintiéndose como yo. Yo tenía que salvarla de eso. Cuando volví a quedar embarazada a los veinte y una tercera vez a los treinta, supe que tenía que "proteger" a estos niños de la misma manera. ¿Qué diferencia hizo si tuve más abortos? Yo sabía que nunca podría deshacer el primero, y mi vida ya estaba arruinada.

Donna continuó:

> Ahora que veo todo con claridad, no puedo creer lo ciega que estaba a lo que realmente estaba pasando. Esos bebés fueron los regalos de Dios que me fueron confiados para amarlos y cuidarlos, aunque no estaba siguiendo la voluntad de Dios en ese momento. ¿Puedes creer lo que hice? Al tratar de evitar que se sintieran rechazados, los rechacé por completo y evité que supieran que eran amados y aceptados por alguien.

En este punto, las lágrimas de Donna se convirtieron en profundos sollozos cuando enfrentó la verdad de lo que había hecho. Parecía horrorizada mientras me describía imágenes de sus bebés mientras eran rechazados en el útero. Después de liberar años de un dolor profundo, Donna compartió más convicción del Espíritu Santo:

> De alguna manera pensé que estaba protegiendo a mis hijos de sentir el mismo dolor que yo sentí . . . pero qué horrible, realmente no los protegí; los lastimé. No quería que se sintieran "no deseados", pero al final los traté como si fueran totalmente no deseados no solo por el resto del mundo sino especialmente por mí. Soy su madre y los rechacé mucho más de lo que mi madre me rechazó a mí. No quería que fueran una carga en mi vida . . . ¡Oh no, soy mucho peor que mi madre!

En este punto, sentí que necesitaba detener a Donna porque ahora estaba torciendo las ideas liberadoras del Espíritu Santo y convirtiéndolas en más municiones para el autorrechazo. Al percibir al padre de toda mentira tratando de robar su sanación, le pedí si podíamos orar nuevamente. Después de recibir su consentimiento, comenzamos a pedirle al Espíritu Santo que sanara estas heridas del rechazo, tanto en la vida de Donna como en la vida de sus bebés abortados por nacer.

Durante los siguientes veinte minutos, el dolor de Donna se convirtió en una alegría desbordante cuando el Padre calmó a su preciosa hija en su amor. En el santuario de su corazón, el Espíritu Santo guió a Donna a través del proceso de sanar sus heridas y liberar su vergüenza y su culpa.

Comenzó por traerla de regreso al momento de su Bautismo cuando era una niña y mostrarle cómo el Padre la amaba y la aceptaba antes de que pudiera hacer nada bueno o malo. Él le mostró que el pecado original fue lavado en su Bautismo, no porque ella lo ganó sino por el sacrificio de Jesús en la cruz. Señaló que su confesión era una renovación de estas gracias bautismales[9]. Jesús expió su pecado porque la amaba.

El Espíritu Santo le reveló además a Donna que la muerte de Jesús en la cruz fue similar a un aborto. Fue traspasado y sangró; su vida inocente fue cortada por otros que fueron engañados por el maligno. Estaban actuando a partir de sus propios miedos y heridas del rechazo. Si Jesús pudo perdonar a aquellas personas que rechazaron y abortaron su vida, ciertamente podría perdonarla a ella. (Después de estas percepciones, Donna informó que pudo recibir la misericordia y el perdón de Dios. Hicimos una oración simple junto para que ella pudiera perdonarse a sí misma activamente y pedirles a sus bebés que la perdonaran. Después de nuestra oración vocal, ella respondió con profundos sollozos de sanación, liberándose más del autorrechazo, la tristeza y la culpa que había estado cargando).

Mientras continuábamos escuchando en oración, Donna se dio cuenta de que sus padres en realidad estaban encantados de tenerla como su pequeña niña cuando fue concebida, incluso si no estaban completamente preparados para su nacimiento. Vio que la ira de su madre no era porque Donna no fuera amada o una carga, sino que provenía de las propias frustraciones, heridas y pecados de su madre. (En este punto, Donna se sintió obligada a detenerse y perdonar a su madre; cuando terminó de perdonar, su rostro se iluminó con una gran sonrisa).

Finalmente, el Espíritu Santo impulsó a Donna a ofrecer sus hijos a Jesús (ver Mc 10:14; *CIC*, 1261). Cuando Donna ofreció cada niño a Jesús, comenzó a reírse con gran alegría y alivio, confiando por primera vez en que sus bebés estaban a salvo, ya no eran rechazados ni abandonados, sino amados y queridos para siempre en el cielo, donde algún día se reunirían con ella y sus padres. Mientras Donna hablaba, pensé en el pasaje bíblico: "Miren qué amor tan singular nos ha tenido el Padre: que no sólo nos llamamos hijos de Dios, sino que lo somos. Por eso el mundo no nos conoce, porque no lo conoció a él" (1 Jn 3:1).

Cuando terminamos nuestra oración, Donna y yo bendecimos al Padre con una sincera oración de acción de gracias, agradecidos de haber sido bendecidos para participar en este misterio de redención, que comenzó en cada una de nuestras vidas en el Bautismo. Ahora, como imitadores del Padre, se nos dio el honor de interceder por sus hijos no nacidos y no bautizados, quienes, después de todo este tiempo, no tenían que vivir como hijos rechazados o no deseados, sino que podían recibir la bendición del Padre como sus hijos amados. Simplemente hicimos lo que la Iglesia enseña para todos los niños no bautizados: "En cuanto a los niños muertos sin bautismo, la liturgia de la Iglesia nos invita a tener confianza en la misericordia divina y a orar por su salvación" (*CIC*, 1283).

La historia de Donna ilustra cuán vulnerables somos al alejarnos de nuestro Padre celestial a pesar de que nos ha unido a Cristo y nos llama sus amados hijos. Aunque tenemos al Espíritu Santo para guiarnos, hay otro espíritu en el mundo que intenta activamente destruirnos y llevarnos a rechazar a Dios, a nosotros mismos y sus caminos de amor (ver 1 Jn 4,1–6). Como la Iglesia y las Escrituras enseñan claramente, estamos en una verdadera batalla por nuestras almas (ver 1 Pe 5,8–10; *CIC*, 2725, 2850–2854). ¿Cómo evitamos ser engañados por el padre de toda mentira y perder de vista nuestra verdadera identidad?

San Ignacio de Loyola brindó una gran herramienta para que los creyentes bautizados discernieran estos espíritus en sus *Ejercicios espirituales*[10]. En los ejercicios, Ignacio identifica dos espíritus opuestos que dice que siempre están obrando en nuestras vidas y en el mundo. Él simplemente los llama el "espíritu bueno" (que representa nuestros corazones sintonizados con el Espíritu Santo) y el "espíritu malo" (que se refiere a nuestra naturaleza humana caída influenciada por el padre de toda mentira y sujeta a las influencias del mundo).

¿Tiene sentido para ti que a pesar de que ambas fueron bautizadas y recibieron el don del Espíritu Santo, tanto Margaret Sanger como Donna permitieron que el espíritu maligno las engañara? No creo que ninguna de estas mujeres se propusiera activamente ser cómplice del espíritu maligno para robar, matar o destruir la vida humana. Más bien, como Eva, creo que primero fueron seducidas y luego engañadas por el padre de toda mentira para que creyeran que lo que estaban haciendo era algo bueno o al menos necesario. ¿No es ese el caso con nosotros la mayor parte del tiempo?

El espíritu maligno obviamente está actuando entre bastidores en el acto del aborto (que es solo una versión moderna del sacrificio de niños), así como en las filosofías que sustentan la cultura de la muerte. Pero ciertamente no son las únicas manifestaciones del espíritu maligno. El rechazo, que es el fruto del pecado, está a nuestro alrededor y dentro de nosotros. Apoderándose de nosotros y de nuestras relaciones, el espíritu de rechazo ahoga el amor que Jesús nos prometió (ver Rom 5:12; Jn 10:10).

Cada vez que cualquier aspecto de nuestra vida, nuestro gozo o nuestra verdadera identidad se ve frustrado o abortado de alguna manera, podemos estar seguros de que el enemigo de nuestras almas está obrando para plantar semillas de rechazo. El maligno, que es eternamente rechazado, busca llevarnos a su miseria. Cuando esas semillas son recibidas en la tierra de nuestras almas, eventualmente se convierten en raíces firmes de rechazo, ahogando efectivamente la vida que Dios plantó en nosotros a través del Bautismo (ver Mt 12,22. 37; 13,18–29).

El espíritu maligno, condenado él mismo, trata de ponernos bajo la misma condena para que nos odiemos y nos rechacemos a nosotros mismos (ver Jn 12:31; 16:11). Como observó Henri Nouwen, esto es mortal para nuestra vida espiritual: "El autorrechazo es el mayor enemigo de la vida espiritual porque contradice la voz sagrada que nos llama 'amados'. Ser amados constituye la verdad central de nuestra existencia"[11].

Donna sabía que lo que había hecho estaba mal, pero en lugar de confiar en el perdón de Dios como una hija amada, se sintió marginada, condenada para siempre por sus abortos. Se puso de acuerdo con las maldiciones del espíritu maligno al condenarse y odiarse a sí misma, reforzando su ya profunda herida del rechazo. El engaño del espíritu maligno la llevó a creer que Dios la había rechazado. Pero Jesús deja muy claro que el Padre no nos condena ni nos rechaza: "Dios no envió al Hijo al mundo para condenar al mundo, sino para que se salve el mundo gracias a él" (Jn 3:17); "Entonces debo preguntar: ¿Es posible que Dios haya rechazado a su pueblo? ¡Por supuesto que no! . . . Porque Dios no se arrepiente de su llamado ni de sus dones" (Rom 11,1. 29). Dios no es quien nos condena; nos condenamos a nosotros mismos permaneciendo en la oscuridad de nuestro pecado y negando su misericordia (ver Jn 3,17–21; Rom 8,1. 33–35).

Es por eso que el Bautismo es una de las principales armas de Dios contra las tácticas de nuestro adversario. Es una infusión del amor de Dios en nuestros corazones y un marcador objetivo que proclama que hemos sido sellados como los amados del Padre. Recuerda siempre que eres el hijo amado en quien tu Padre se deleita; estás marcado y sellado en el nombre del Dios vivo, que ahora vive dentro de ti. Eres una nueva creación en Cristo, que no vives para ti mismo sino para la gloria de Dios, llamado a amar a los demás como él te ha amado. Así has sido llamado a sanar la herida primordial del rechazo que nos impide a todos creer y recibir el amor de Dios.

Tomemos un momento y reflexionemos sobre las experiencias de Donna y todas las nuestras para ver cómo el Espíritu Santo quiere hablarnos a cada uno de nosotros sobre esta batalla en la que estamos involucrados. Luego, en la siguiente oración y meditación bíblica, te invito a dejar que estas realidades penetren en lo más profundo de tu corazón.

Tómate un momento

1. ¿De qué manera te has sentido rechazado? ¿Cómo te rechazas a ti mismo?
2. ¿Qué papel desempeñó el Bautismo en la sanación de Donna? ¿Cómo ayudaron la oración y la Palabra de Dios en el proceso de su restauración?
3. Describe los espíritus opuestos detrás del aborto y el Bautismo. ¿Dónde reconoces la batalla entre estas realidades espirituales en tu vida?

Meditación en las Escrituras

1. Ora y pídele al Espíritu Santo que te guíe a reflexionar sobre este pasaje bíblico.
2. Lee este pasaje tres veces lentamente, escuchando las palabras o frases que el Espíritu Santo te está revelando.
3. Después de cada tiempo, escribe o habla sobre lo que habla a tu corazón.

El amado del Padre

"Miren qué amor tan singular nos ha tenido el Padre: que no sólo nos llamamos hijos de Dios, sino que lo somos. Por eso el mundo no nos conoce, porque no lo conoció a él. Amados, a pesar de que ya somos hijos de Dios, no se ha manifestado todavía lo que seremos; pero sabemos que cuando él aparezca en su gloria, seremos semejantes a él, porque lo veremos tal como es. Y si es esto lo que esperamos de él, querremos ser santos como él es santo" (1 Jn 3,1–3).

Oremos

Comienza pidiéndole al Espíritu Santo que te guíe. Luego bendícete lentamente, en el nombre del Padre (que es el amor), del Hijo (que es el amado) y del Espíritu Santo (que es el vínculo del amor). Al hacer la Señal de la Cruz en tu cuerpo, estás renovando tu bendición bautismal. Al hacer esto, recuerda la muerte de Jesús en la cruz, que te permitió convertirte en el hijo amado del Padre en el Bautismo; él continúa bendiciéndote con esas gracias ahora con tu cooperación. Deja que tu corazón reflexione sobre estas realidades.

Nota que las palabras del Credo de los Apóstoles (y el de Nicea) se resumen en la renovación de nuestros votos bautismales que normalmente se hablan con toda la Iglesia durante la Pascua. Se pueden hablar en cualquier momento. Habla estas palabras despacio y con convicción:

> Renuncio a Satanás (el padre de toda mentira).
>
> Renuncio a todas sus obras (pecado).
>
> Renuncio a todas sus promesas vacías (engaños).
>
> Creo en Dios, Padre todopoderoso, (quien por su gran amor es) el Creador del cielo y de la tierra.
>
> Creo en Jesucristo, su único Hijo, nuestro Señor, que (por su gran deseo de expresar el amor del Padre a la humanidad) nació de la Virgen María, fue crucificado, muerto y sepultado, resucitó de entre los muertos y ahora está sentado a la derecha del Padre.
>
> Creo en el Espíritu Santo, (cuyo poderoso vínculo de amor se encarna en) la santa Iglesia Católica, la Comunión de los Santos, el perdón de los pecados, la resurrección de la carne y la vida eterna.

Renunciar a las obras de Satanás y afirmar nuestra fe en Dios puede ocurrir todos los días y en todos los momentos de nuestra vida. Se nos da esta autoridad en virtud de nuestro Bautismo. Pongamos esto en práctica: supongamos que alguien dijo algo que te ofendió y te deja sintiéndote rechazado. Trata de orar lo siguiente:

> En el nombre y autoridad de Jesucristo, que recibí en mi Bautismo, renuncio a la mentira de que no soy amado ni amable.
>
> Renuncio a la maldición del rechazo que viene del padre de toda mentira.
>
> Renuncio a la autoridad que he dado a nadie más que a ti, Padre, para decirme mi valor. Tú, Padre, eres el único que me conoce completamente y me ama tal como soy.
>
> Reconozco que, en virtud de mi Bautismo, soy amado y deleitado por ti, Padre.
>
> Reconozco también que, en virtud de mi bendición en el Bautismo, me has dado tu Espíritu Santo, cuyo amor se derrama en mi corazón.
>
> Soy uno con Jesús, tu amado. Amén.

4

PRESENCIA PERMANENTE

Cómo la Sagrada Comunión sana las heridas del abandono

El que come mi carne y bebe mi sangre permanece en mí y yo en él.

Juan 6:56

Habiendo crecido en una familia numerosa, no recuerdo sentirme solo hasta que cumplí trece años. Fue entonces cuando mi papá dejó a nuestra familia y se mudó a otra ciudad, y mi sentido subyacente de seguridad salió por la puerta con él. Durante el día, podía mantener mi mente activa con la escuela, los deportes, mis amigos, el entretenimiento y las interacciones familiares. Pero cuando me acostaba por la noche, no podía escapar del sentimiento generalizado de soledad. *Extrañaba terriblemente a mi papá.*

Por primera vez en mi vida, me sentí desprotegido. Por la noche, cada pequeño ruido me asustaba. Ingenuamente me cubría la cara con las cobijas para que un ladrón no me viera si irrumpía en nuestra casa. Pero peor que estos miedos era una insidiosa sensación de vacío que impregnaba mi alma. En ese entonces, yo no podría haber expresado lo que estaba sintiendo. Eso vendría años más tarde, después de meses de terapia y algunas experiencias curativas que me permitieron finalmente llorar la pérdida de mi padre a una edad tan vulnerable.

Tú también, sin duda, has sentido el dolor del abandono en tu vida de alguna forma o manera. Podría haber varias razones: la muerte de un ser querido; amistades rotas; no estar protegido en una situación de abuso; o tal vez, como yo, tú también experimentaste la angustia del divorcio en tu familia. Estas son experiencias obvias del abandono. Pero la herida del abandono también puede manifestarse de maneras más sutiles, como sentirse solo en una multitud, no ser comprendido por quién eres, no recibir el afecto o el consuelo que necesitas, o sentirte fuera de la vida comunitaria.

Las manifestaciones pueden ser muchas, pero debajo de todas estas separaciones está esta herida primordial del abandono que entró en nuestra experiencia humana con el pecado original. De este lado del Edén, todos sabemos lo que es sentirse solo, desprotegido y aislado de la intimidad en nuestras relaciones vitales. Durante estos tiempos, incluso podemos preguntarnos si a alguien le importa, incluido Dios. Con frecuencia, estas heridas del abandono se trasladan a nuestra relación con nuestro Padre celestial. Aunque prometió que nunca nos dejaría ni nos abandonaría (ver Heb 13:5), nuestros corazones tienen dificultad para confiar en la realidad de la presencia de Dios. Cuando mi papá se fue, Dios también me pareció muy lejano. Tal vez puedes identificarte.

Ya sea que estemos conscientes de experimentar el dolor del abandono o no, es una parte inevitable de nuestra experiencia humana en este mundo caído. Desde ese primer pecado, nuestras relaciones con Dios y entre nosotros se han fracturado. Vivimos en un mundo donde la separación y la desconexión son la norma. Muchos de nosotros no podemos identificar el sentimiento del abandono porque es todo lo que hemos conocido. Creemos que así es "simplemente la forma en que es la vida". Nos acostumbramos a sentirnos desconectados en nuestras familias, en la iglesia y en nuestras actividades diarias. Simplemente parece normal.

Aunque puede ser parte de nuestra realidad actual, no es lo que Dios pretendía para nosotros desde el principio ni la realidad que desea para nosotros ahora y en el futuro. El *Catecismo*, basándose en las Sagradas Escrituras, afirma que estamos hechos para la comunión íntima con Dios y entre nosotros: "[Dios] mismo es una eterna comunicación de amor: Padre, Hijo y Espíritu Santo, y nos ha destinado a participar en Él" (*CIC*, 221).

Al principio, Adán y Eva se reflejaron y participaron de la santísima comunión de la santísima Trinidad. También disfrutaron de una profunda intimidad mutua, a la que san Juan Pablo II se refiere como "unidad original"[1]. En su vínculo ininterrumpido de amor, no conocieron la experiencia de la soledad o el abandono. Experimentaron la presencia permanente de Dios con ellos en todo momento.

Seamos conscientes de ello o no, en el fondo cada uno de nosotros anhela este tipo de intimidad sagrada porque está escrito en el tejido de nuestro ser. El salmista expresa este anhelo con belleza poética: "Sediento estoy de Dios, del Dios de vida" (Sal 42:3). Y los santos conocen también este anhelo. Después de años de tratar de llenar su vacío en todos los lugares equivocados, san Agustín finalmente volvió su corazón a la única fuente real de su realización. ¿Reconoces este anhelo por una mayor medida de la presencia de Dios en tu propio corazón? En el cielo se cumplirá por completo. Pero no tenemos que esperar para experimentarlo. Podemos entrar en comunión con él ahora. La Iglesia enseña que por eso Jesús nos dio el sacramento de su presencia como un medio para que permanezcamos continuamente en él: "Recibir la Eucaristía en la comunión da como fruto principal la unión íntima con Cristo Jesús. En efecto, el Señor dice: 'Quien come mi Carne y bebe mi Sangre *habita* en mí y yo en él'" (*CIC*, 1391, énfasis añadido). San Juan Pablo II añade: "La Eucaristía es el sacramento de la presencia de Cristo, que se entrega a nosotros porque nos ama. Él nos ama a cada uno de nosotros de una manera única en nuestra vida práctica diaria"[2].

El relato de san Lucas en los Hechos de los Apóstoles nos da una idea de cómo se practicaba el sacramento de la Sagrada Comunión en la Iglesia primitiva. Los apóstoles vivieron la realidad de la presencia permanente de Cristo con ellos y permitieron que su presencia impregnara su vida comunitaria: "Eran asiduos a la enseñanza de los apóstoles, a la convivencia fraterna, a la fracción del pan y a las oraciones" (Hechos 2:42). "La multitud de los fieles tenía un solo corazón y una sola alma. Nadie consideraba como propios sus bienes, sino que todo lo tenían en común. Los apóstoles daban testimonio de la resurrección del Señor Jesús con gran poder, y aquél era para todos un tiempo de gracia sin igual" (Hechos 4,32–33).

La mayoría de estas actividades de la Iglesia primitiva todavía son comunes en nuestra adoración: la enseñanza de los apóstoles (la Palabra de Dios en las Escrituras), la fracción del pan (el sacramento de la Sagrada Comunión) y la oración (invocar la presencia e intercesión de Dios por los demás). Pero un elemento falta en gran medida en muchas de nuestras iglesias: la "vida comunitaria". El original en griego es *koinonía*, que traducido al español significa "comunión" o "compañerismo". Si bien tenemos un pequeño grado de compañerismo en nuestras comunidades modernas, todavía está muy lejos de lo que practicaba la Iglesia primitiva. ¿Podemos decir honestamente que la mayoría de nosotros somos "dedicados a la vida comunitaria" en la medida en que parecían serlo los primeros discípulos? ¿Podemos decir que tenemos "un solo corazón y una sola alma" y que nuestras pertenencias no son nuestras, sino que son para el bien de nuestros hermanos? ¿Puede ser esta una de las razones por las que no estamos presenciando el "gran poder" de la resurrección de Jesús como lo hicieron ellos?

¿Es ingenuo esperar estas cosas en nuestras grandes iglesias modernas? El *Catecismo* proporciona la respuesta al recordarnos que el sacramento de la Sagrada Comunión es una participación (*koinonía*) en el culto celestial (ver *CIC*, 1326). ¿Somos conscientes de participar con las huestes del cielo cuando adoramos juntos? También llama a este sacramento un "vínculo de amor" y un "signo de unidad" (*CIC*, 1323). Dentro de nosotros mismos y de nuestras comunidades, ¿estamos realmente operando en unidad como la Iglesia primitiva; ¿Podemos decir que la mayoría de nosotros que estamos experimentando una auténtica comunión (*koinonía*)? ¿Por qué, entonces, llamamos a este sacramento la Sagrada Comunión cuando los elementos más esenciales se descuidan en nuestro culto y vida comunitaria?

El problema obviamente no está en el lado de Jesús. Su presencia real en la Eucaristía verdaderamente trae la realidad del cielo a la tierra. Su cuerpo y su sangre son la fuente de nuestra caridad y nuestra unidad. Dándose completamente a nosotros, nos hace un solo cuerpo con él y entre nosotros. Sin embargo, ¿cuántos de nosotros encarnamos diariamente esta realidad de la presencia permanente de Jesús? Nuestras heridas del abandono y pecados de aislamiento y egoísmo parecen obstaculizar el camino de la verdadera comunión (*koinonía*), primero en la relación con Jesús y luego entre nosotros.

—~~—

Las Escrituras y la enseñanza de la Iglesia, así como nuestras propias experiencias, confirman que no puede haber unidad o comunión genuina sin el amor abnegado. En palabras de san Juan Pablo II, "Celebrar la Eucaristía, 'comer su carne y beber su sangre', significa aceptar la sabiduría de la cruz y el camino del servicio. Significa que señalamos nuestra voluntad de sacrificarnos por los demás, como lo ha hecho Cristo"[3].

En su perspicaz libro *La vida del amado*, Henri Nouwen ofrece una visión de cómo se ve el amor abnegado cuando practicamos activamente el sacramento de la Sagrada Comunión en nuestra vida diaria. Así como Jesús tomó el pan (como su cuerpo), lo bendijo, lo partió y lo dio a sus discípulos en la Última Cena, nos llama a seguir su ejemplo en la Sagrada Comunión (ver Mt 26:26). Cuando nos ofrecemos como sacrificio vivo en adoración (ver Rom 12:1), Jesús también "nos toma", "nos bendice", "nos parte" y "nos da" para que podamos participar con él en la ofrenda de sí mismo.

Nota la secuencia de eventos. Primero, Jesús *nos toma* y nos hace una ofrenda eterna al Padre, consigo mismo. Se nos recuerda que nuestras vidas no nos pertenecen (ver 1 Cor 6:19; Rom 14:8). Fuimos entregados al Padre en el Bautismo. Cada vez que celebramos la Sagrada Comunión, estamos invitados a reafirmar la realidad de que somos uno con Jesús y parte integral de su cuerpo, la Iglesia.

Después de tomarnos en sus manos, Jesús *nos bendice*. La bendición, como ya hemos señalado, es recibir la presencia y la gracia de Dios en nuestra vida. Cuando lo recibimos en la Sagrada Comunión, Jesús nos santifica y nos hace santos. Nosotros, a su vez, lo bendecimos con nuestra alabanza y acción de gracias (ver *CIC*, 1078). En la Eucaristía, que literalmente significa "gran acción de gracias", nos convertimos en ofrenda de acción de gracias en comunión con Jesús. Él nos bendice para que podamos compartir su presencia con los demás. Pero primero tenemos que estar quebrantados.

Después de la bendición, Jesús *nos quebranta.* Esta es la parte que la mayoría de nosotros queremos evitar. Puedo testificar personalmente. El proceso de romper no siempre es fácil ni divertido, pero tampoco lo fue la cruz para Jesús. Sin la ruptura de nuestro orgullo y autosuficiencia, no podemos tener unidad o verdadera comunión (*koinonía*) con Jesús o entre nosotros.

Finalmente, después de que Jesús nos toma, nos bendice y nos quebranta, *nos da* como un regalo al Padre para el bien de los demás. Su presencia permanente que fluye dentro y a través de nuestro quebrantamiento se convierte en un remedio sanador para todo lo que encontramos. Individual y colectivamente nos convertimos en el Cuerpo viviente de Cristo, trayendo la realidad de la presencia de Jesús a un mundo hambriento y solitario.

Tomar, bendecir, partir y dar: esto es lo que significa para nosotros celebrar auténticamente la Sagrada Comunión con Jesús. Cualquier otra cosa es fallar en reconocer el cuerpo de Jesús (en el pan bendito, en la comunidad y en nosotros mismos) (ver 1 Cor 11).

Examinándonos a nosotros mismos a través del espejo de las Escrituras (especialmente Hechos 2 y 4 y 1 Corintios 11), podemos ver cuántos de nosotros estamos lejos de vivir en la plenitud del sacramento. Pero estas Escrituras también brindan esperanza para nosotros y nuestras comunidades. Nosotros también estamos invitados a la misma Sagrada Comunión con Jesús y nuestras comunidades. Pero primero debemos dejar de poseer nuestras falsas comodidades. Todos somos propensos, en un grado u otro, a aferrarnos a nuestra vida, nuestras posesiones, nuestro tiempo y nuestra energía. El fruto inevitable de este egoísmo es la desconexión y la desunión. Vemos la evidencia en todas partes, con más de cincuenta mil denominaciones cristianas diferentes divididas por el nombre de Jesús. Esta falta de unidad en el Cuerpo de Cristo en general fluye hacia cada comunidad eclesial y cada familia. Muchas de nuestras iglesias, familias y comunidades se parecen mucho al resto del mundo: desconectadas y fragmentadas. Con razón hay tantas personas solas y perdidas en el mundo y en nuestras iglesias.

En la Iglesia primitiva, cuando las personas se ofrecían a Jesús, también ofrecían todo lo que les pertenecía. Sus propiedades y posesiones se ofrecieron gratuitamente en beneficio de todos los necesitados. Era una parte integral de su adoración. Este mismo patrón que vemos en los Hechos de los Apóstoles continuó durante cientos de años después de la resurrección de Jesús. Al estudiar la historia de la Iglesia, descubrí que esta práctica de compartir las necesidades de la vida unos con otros continuó durante varios cientos de años cuando los cristianos se reunían para celebrar la Sagrada Comunión. En sus "fiestas de amor" daban comida y ropa a los necesitados y luego se la entregaban a los de las regiones circundantes.

Dudo que corrieron a casa a ir de compras, se acostaron en el sofá para ver fútbol o pasaron los domingos trabajando en el jardín. En cambio, salieron juntos como un solo cuerpo en Cristo, dando su tiempo, su energía y sus posesiones para que otros pudieran darse cuenta de que Dios se preocupaba íntimamente por ellos y que "nunca los dejaría ni los abandonaría". Encarnaron la realidad que habían recibido anteriormente en la Sagrada Comunión: su cuerpo y su sangre permanecieron en ellos y transmitieron su presencia viva al mundo que los rodeaba. Se convirtieron, de manera muy sacramental, en su cuerpo partido y su sangre derramada por un mundo hambriento y sediento.

En contraste, muchos de nosotros hoy echamos unos cuantos dólares en la canasta de la colecta y apenas conocemos a más de un puñado de personas en nuestra comunidad. Muchos de nosotros vamos y venimos a la iglesia como si estuviéramos marcando el reloj en el trabajo, simplemente dedicando nuestro tiempo y cumpliendo con nuestra obligación. Debe romper el corazón de Jesús una y otra vez experimentar el contraste entre su entrega total y nuestro egocentrismo generalizado. Con razón tenemos tan poco compañerismo y nos sentimos solos la mayor parte del tiempo. Incluso en la iglesia, el lugar donde decimos que vamos a celebrar la Sagrada Comunión (*koinonía*), muchos de nosotros seguimos siendo extraños. La mayoría de nuestras comunidades no se parecen mucho a la Iglesia en los Hechos de los Apóstoles.

No creo que sea así como Jesús pretendía que viviéramos su presencia permanente en el sacramento de la Sagrada Comunión. ¿Cuál ha sido tu experiencia? Detengámonos un momento a reflexionar.

Tómate un momento

1. ¿Cuándo y cómo has experimentado el dolor del abandono en tu vida?
2. ¿Cómo ha reforzado o sanado la comunidad cristiana esas heridas?
3. ¿Qué crees que estaba presente en la comunidad de la Iglesia primitiva que falta hoy en nuestras comunidades?

Cuando considero lo que pudo haber contribuido a la vitalidad de esas comunidades de la Iglesia primitiva, me vienen a la mente muchas cosas. Pienso en cómo los apóstoles escucharon a Jesús proclamar personalmente: "Mi carne es verdadera comida y mi sangre es verdadera bebida" (Jn 6:55). Fueron confrontados en ese momento con el significado literal de esas palabras cuando los desafió a irse si no creían en sus enseñanzas.

Más tarde, los imagino celebrando la cena de Pascua judía antes de su sacrificio sangriento en el Calvario, observándolo de cerca mientras tomaba el pan, lo bendecía, lo partía y se lo daba diciendo: "Tomen y coman; esto es mi cuerpo". Me pregunto qué sintieron cuando recibieron la copa de las propias manos de Jesús y le oyeron pronunciar estas palabras: "Beban todos de ella: esto es mi sangre, la sangre de la Alianza, que es derramada por muchos, para el perdón de sus pecados" (Mt 26,26–28).

Seguramente les llevaría unos días comprender el significado de estas poderosas palabras y gestos. Solo después de soportar la angustia de su pasión y muerte, y luego de tocar con sus propias manos su cuerpo resucitado, estas palabras podrían tener sentido. Seguramente no tratarían su cuerpo y su sangre con indiferencia o con el tipo de indiferencia que muchos de nosotros solemos tener.

Aunque la mayoría de ellos abandonaron a Jesús durante su hora más oscura, y probablemente también se sintieron abandonados por Dios durante toda esa pesadilla, escucharon su promesa de que nunca los abandonaría (ver Jn 14:18). Aunque al principio no comprendieran, eventualmente llegarían a comprender que Jesús prometía estar con ellos en la persona del Espíritu Santo y de manera particular en el sacramento de la Sagrada Comunión cada vez que se reunieran para recordar su pasión, muerte y resurrección.

Cuando "partieron el pan" en memoria de su muerte y resurrección después de Pentecostés, estos primeros discípulos experimentaron al Jesús resucitado. Su presencia permanente llenó sus corazones e impregnó sus comunidades. Al ser testigos de su poder de resurrección en medio de ellos, abundaron las curaciones y los milagros. Por toda evidencia, estos hombres, mujeres y niños estaban ardiendo con el Espíritu Santo. Con su celo apasionado, incendiaron el mundo a su alrededor con su amor. A través de ellos, la gente vio y experimentó a un Jesús vivo, no un leve recuerdo de él. Llevando su presencia divina, atrajeron a miles a la Iglesia.

Esto todavía puede ser cierto hoy en día, ya que Jesús desea que su Cuerpo, la Iglesia, sea el lugar principal donde encontremos su presencia para que podamos, a su vez, llevar su amor al mundo que nos rodea. ¿No es esto lo que el papa Francisco quiere que entendamos? "Podemos hacernos esta pregunta: ¿cuándo nos encontraremos con Jesús, solo al final? No, no y no. Nos encontramos con él todos los días. ¿Pero cómo? En oración. Cuando oras, te encuentras con Jesús. Cuando comulgas, te encuentras con Jesús en el sacramento . . . Este encuentro se da en la oración, cuando vamos a Misa, y cuando hacemos buenas obras: cuando visitamos a los enfermos, cuando ayudamos a los pobres, cuando pensamos en los demás"[4].

Esta comprensión de la presencia permanente de Jesús dentro del contexto de los sacramentos y de la oración es un enfoque principal de nuestra enseñanza y actividades en el Centro de Sanación Juan Pablo II. Durante nuestras conferencias, a menudo brindamos demostraciones y experiencias de oración que subrayan la realidad de permanecer con la Trinidad. Recientemente, durante una de nuestras conferencias para sacerdotes, tuvimos el privilegio de orar con algunos de los sacerdotes presentes, invitándolos a experimentar la presencia de Jesús en los lugares donde anteriormente solo habían conocido el dolor del abandono.

Tuve el privilegio de rezar con el padre Edward, quien tenía una condición física debilitante que le impedía levantar los brazos por encima de la cabeza. Vivía con un dolor constante en las manos, los hombros y los brazos. En nuestro tiempo de oración juntos, el Espíritu Santo nos reveló que su dolencia física se originó en heridas del abandono sin sanar de experiencias de la niñez. Sufriendo durante más de cuarenta años, había llegado a un punto crítico y estaba desesperado por recibir ayuda, ya que estas heridas continuaban paralizando su vocación sacerdotal, haciéndole especialmente difícil celebrar la Misa.

Mi tiempo de oración con el padre Edward resultó ser mucho más intenso de lo que cualquiera de nosotros había anticipado. Me recordó que el *Catecismo* describe la oración contemplativa como un "*tiempo fuerte* por excelencia de la oración" donde nos encontramos con Jesús y él nos encuentra en lo profundo de nuestro corazón (*CIC*, 2709–2719). Jesús conoció al padre Edward en lo más profundo de su corazón y tocó sus heridas más profundas. Mientras le pedíamos al Espíritu Santo que revelara los problemas de raíz de la dolencia del padre Edward, lo puso en contacto con recuerdos de abandono de su niñez. Sollozó al revivir el dolor punzante de sentirse separado del amor y la crianza de su madre y su padre durante su niñez. Estas primeras separaciones habían dejado heridas profundas en el alma del joven Edward, que eventualmente se manifestaron en los efectos debilitantes en su cuerpo.

En oración, el Espíritu Santo le mostró que el dolor en sus manos y brazos reflejaba su anhelo de tender la mano para ser sostenido por sus padres y que su dolor en el hombro revelaba las cargas que llevaba al sentirse responsable de todos los que lo rodeaban. Se sentía totalmente solo en el recuerdo, pero Jesús le reveló que estuvo presente con él en su sufrimiento infantil y que ahora llevaría las cargas con él en el sacerdocio. Mientras Jesús hablaba de estas realidades en las profundidades del corazón del padre Edward, el dolor en sus manos, brazos y hombros inmediatamente comenzaron a disminuir, y pudo levantar los brazos parcialmente sobre su cabeza. Pero la sanación estaba lejos de terminar. Jesús lo invitó a continuar el proceso de sanación dentro de la celebración de la Eucaristía, que tendría lugar inmediatamente después de nuestro tiempo de oración juntos.

Celebrando la Misa en comunidad con los otros sacerdotes y nuestro equipo, el padre Edward encontró su corazón completamente comprometido en cada parte de la celebración. Más tarde nos informó a todos que después de recibir a Jesús en la Comunión, experimentó una cálida y amorosa presencia en su corazón, que impregnó todo su cuerpo. Al sentir la presencia de Jesús, también escuchó que Jesús le decía: "No estás solo. Siempre estoy contigo".

Antes de esta experiencia, el padre Edward aceptó estas realidades con fe, pero después de su tiempo de oración, literalmente pudo sentir la presencia de Jesús con él después de recibir la Eucaristía. Al final del *tercer día* de la conferencia (nota las imágenes de la resurrección), estaba casi completamente libre de dolor de estas dolencias, que habían sido una fuente de dolor constante a lo largo de su vida y un obstáculo constante para su ministerio. Compartiendo profundamente los sufrimientos de Jesús en la cruz, el padre Edward ahora sentía la alegría de su vida de resurrección. Todos los presentes compartimos su exuberancia mientras levantaba los brazos en adoración y acción de gracias (antes de esto, no podía levantar los brazos por encima de la cabeza en absoluto).

Unos meses después de asistir a la conferencia, el padre Edward me escribió para decirme que los frutos de su sanación continuaron siendo una fuente de comunión gozosa con la Trinidad y las personas a las que sirve:

> Aquí estamos, meses después de nuestro retiro, y mi experiencia del amor del Padre (y el de Jesús) continúa profundizándose. A veces, mi corazón se desborda de gratitud y compasión, especialmente cuando comparto ese amor con aquellos a quienes sirvo. Recuerdo haber mencionado en el retiro que mi oración profunda durante mi ordenación al sacerdocio fue ministrar con el corazón del Padre. No sabía cómo sería respondida esa oración, o incluso cómo sería ese tipo de ministerio, pero ahora veo que esa oración se está realizando . . . Gracias por llevarme más profundamente al corazón del Padre. ¡Qué bendición! ¡Qué vida!

Después de leer el testimonio del padre Edward, empecé a preguntarme por qué la presencia real de Jesús en la Sagrada Comunión no sanó al padre Edward antes de ese momento en el retiro. Jesús ciertamente podría haberlo sanado en cualquier momento[5]. Y sé que el padre Edward oró por la sanación muchas veces antes de venir a la conferencia. Pero después de orar por esto, el Espíritu Santo me mostró que había obstáculos en el corazón del padre Edward que necesitaban ser abordados antes de que pudiera recibir la gracia. El padre Thomas Keating ofrece información valiosa sobre cómo se pueden eliminar estos obstáculos a través de la oración contemplativa, liberando nuestros corazones para volvernos más receptivos a la presencia permanente de Jesús en la Sagrada Comunión:

> La Eucaristía recibida en la Sagrada Comunión nos despierta a la presencia permanente de Cristo dentro de nosotros en el nivel más profundo. La Eucaristía, al igual que la Palabra de Dios en las Escrituras, tiene como objetivo principal llevarnos a la conciencia de la presencia permanente de Dios dentro de nosotros . . . La oración contemplativa reduce los obstáculos a la energía transformadora de la Eucaristía, para que podamos manifestar en nuestras actitudes y comportamientos al Cristo vivo dentro de nosotros . . . Si no tenemos una disciplina para reducir los obstáculos en nosotros para experimentar la presencia de Dios, todo el poder de los sacramentos se diluye y no alcanza todo su potencial para transformarnos[6].

Estas son palabras importantes que todos debemos escuchar y tomar en serio. Si no eliminamos los obstáculos, "el pleno poder de los sacramentos se diluye y no alcanza el potencial para transformarnos". Creo que todos tenemos muchos obstáculos que nos impiden recibir la gracia plena de la Sagrada Comunión. El padre Keating simplemente está afirmando lo que la Iglesia siempre ha enseñado. Los sacramentos, en sí mismos, son bendiciones poderosas, pero todos necesitamos disponer y preparar nuestro corazón para recibir sus plenos efectos en nuestra vida (ver *CIC*, 1098). La oración contemplativa es una excelente manera de disponer nuestro corazón, permitiéndonos ser más receptivos, con mayor capacidad de unidad y de caridad.

Sin la disposición adecuada de nuestros corazones y la unidad y la conexión comunitaria, nuestra forma de vivir el sacramento de la Sagrada Comunión puede convertirse con demasiada facilidad en un anti-testimonio, carente de caridad, creando más desunión e intensificando las heridas del abandono en nosotros y en nuestras familias y comunidades. Por otra parte, toda auténtica celebración y recepción de la Sagrada Comunión favorece una mayor unidad y caridad, llevándonos cada vez más profundamente a la comunión con Jesús y con la "comunión de los santos" y sanando así estas heridas primordiales del abandono que nos aquejan a todos de una manera u otra.

Que todos tengamos continuamente hambre y sed de una mayor intimidad con Jesús, sabiendo que el vínculo de comunión que nos une a él y entre nosotros es mucho más real y satisfactorio que cualquier falsa intimidad que el mundo pueda ofrecer. Te invito ahora a aplicar personalmente todo lo que hemos hablado.

Tómate un momento

1. ¿Cuáles son las barreras en tu corazón y en tu comunidad que impiden que la presencia permanente de Jesús se manifieste más plenamente?
2. ¿Cuáles son tus pensamientos y tus reacciones a la experiencia de sanación del padre Edward?
3. Recuerda cualquier encuentro intenso que hayas tenido con Jesús en oración o en el sacramento de la Sagrada Comunión. Describe lo que pasó.
4. Considera cómo ocurrió el proceso de "tomar, bendecir, partir y dar" en la vida de los apóstoles comenzando con la Última Cena y continuando en la Iglesia primitiva después de Pentecostés. ¿Cómo se desarrolla este proceso en tu vida?

Meditación en las Escrituras

El siguiente pasaje de Hechos 2 es una descripción de la Sagrada Comunión en la Iglesia primitiva inmediatamente después de Pentecostés. Pídele al Espíritu Santo que te guíe mientras reflexionas sobre el pasaje bíblico.

1. Lee el pasaje lentamente la primera vez para una comprensión general.
2. Lee una segunda vez lentamente, escuchando una palabra o frase que destaque.
3. Lee una tercera vez muy lentamente, permitiendo que el Espíritu Santo te hable a través del pasaje. Registra lo que recibes.

La Sagrada Comunión en la Iglesia primitiva

"Eran asiduos a la enseñanza de los apóstoles, a la convivencia fraterna, a la fracción del pan y a las oraciones. Toda la gente sentía un santo temor, ya que los prodigios y señales milagrosas se multiplicaban por medio de los apóstoles. Todos los que habían creído vivían unidos; compartían todo cuanto tenían, vendían sus bienes y propiedades y repartían después el dinero entre todos según las necesidades de cada uno. Todos los días se reunían en el Templo con entusiasmo, partían el pan en sus casas y compartían la comida con alegría y con gran sencillez de corazón. Alababan a Dios y se ganaban la simpatía de todo el pueblo; y el Señor agregaba cada día a la comunidad a los que se iban salvando" (Hechos 2,42–47).

Oremos

"Emanuel" significa "Dios está con nosotros". Es uno de los nombres de Jesús dado a través del profeta Isaías, lo que significa la presencia permanente de Dios con nosotros. Esta presencia real es lo que celebramos en el sacramento de la Sagrada Comunión. El siguiente proceso de oración se puede rezar inmediatamente después de la Comunión, durante la adoración o durante cualquier tiempo de oración personal de tu elección[7].

Comienza recordando la promesa de Dios: "Nunca te dejaré ni te abandonaré" (Heb 13:5). Luego reflexiona en silencio sobre estas Escrituras:

- "Esto es mi cuerpo, que es entregado por ustedes" (Lc 22:19).
- "El que come mi carne y bebe mi sangre permanece en mí y yo en él" (Jn 6:56).
- "Yo estoy con ustedes todos los días hasta el fin de la historia" (Mt 28:20).
- "No los dejaré huérfanos, sino que volveré a ustedes" (Jn 14:18).
- "Estoy a la puerta y llamo: si uno escucha mi voz y me abre, entraré en su casa y comeré con él y él conmigo" (Ap 3:20).

Practica permanecer en la presencia de Dios

1. Pon atención a la presencia de Jesús en este momento o recuerda un momento en el que estabas especialmente consciente de su presencia.
2. Permítete volver a entrar en la experiencia ahora (el verdadero significado de "recordar" es volver a vivir una experiencia en el momento presente).
3. Pídele al Espíritu Santo que traiga a la luz un momento en el que te sentiste solo.
4. Permítete volver a entrar en ese recuerdo, sintiéndolo en el momento presente. Experimenta las emociones dolorosas.
5. Vuelve a conectar con la experiencia de la presencia de Jesús y pídele al Espíritu Santo que revele su presencia durante este tiempo en que te sentiste solo.
6. Registra lo que te revela (en un pensamiento, recuerdo, sentimiento o imagen).
7. Agradece a Jesús por su presencia y pídele que su presencia permanezca contigo al salir de la experiencia de oración. Mantente en contacto con su presencia permanente durante el día, y todos los días[5].

5

UNGIDO CON PODER

Cómo la Confirmación sana las heridas de la impotencia

Recibirán la fuerza del Espíritu Santo cuando venga sobre ustedes, y serán mis testigos.

Hechos 1:8

Debido a la caída de la humanidad, todos somos vulnerables al mal uso del poder, como sugiere esta popular frase atribuida a Lord Acton en el siglo XIX: "El poder tiende a corromper. El poder absoluto corrompe absolutamente". En este mundo caído, tenemos buenas razones para temer el mal uso del poder, porque a menudo se usa para dominar, controlar, manipular, abusar y rebelarse contra la autoridad legítima. Lamentablemente, nuestras familias, lugares de trabajo y comunidades eclesiales pueden ser los entornos en los que más nos lastimen estos abusos de poder.

¿Quién de nosotros no se ha sentido dominado, controlado o menospreciado de alguna forma o manera? O tal vez hemos experimentado el extremo opuesto, sintiéndonos desprotegidos o defraudados por alguien que no actuó de una manera particular, no ejerciendo su autoridad adecuada o el poder que Dios le dio. Algunas de estas experiencias pueden incluso ser ocurrencias diarias en nuestras vidas. Ser el receptor del poder equivocado o abusivo de alguien puede dejarnos profundamente traumatizados, incluso victimizados, en los años venideros. Experiencias como estas no hacen más que acentuar la herida primordial de la impotencia, que es tan antigua como el pecado mismo.

Antes de que el pecado trastornara nuestra existencia inmaculada (ver Gn 2), Adán y Eva tenían el poder de vivir como Dios les ordenó.

Respetaron humildemente el poder supremo de Dios y vivieron en santa sumisión a él. Sabían de primera mano lo que todos debemos descubrir, que "de Dios es la fuerza" (Sal 62:12) y que el Todopoderoso ejerce su poder para amar, nunca para dominar o controlar. Sus mandatos se dan para bendecir y proteger, respetando siempre nuestra dignidad y libertad. No tenían miedo de ser dominados o abusados por él o por los demás (al menos hasta que el engañador plantó semillas de duda en sus mentes).

Sin embargo, con la rebelión de Adán y Eva, el mal uso del poder (pecado) y la impotencia (herida) asomaron sus feas cabezas. Cuando Eva sucumbió a la tentación de la serpiente, Adán abdicó de su papel y no se mantuvo en su debida autoridad, permitiendo que el mal dominara sobre toda la tierra (ver Gn 3; Rom 5,12–14). Al elegir entregar el poder y la autoridad que Dios les dio al eternamente impotente, Adán y Eva también se desconectaron del poder del Espíritu Santo. Como resultado, terminaron debilitándose a sí mismos y al resto de la raza humana con la misma herida de la impotencia.

Después de su desobediencia, Dios le reveló a Adán que su trabajo, una vez fuente de alegría y realización, se volvería laborioso y difícil (debido a esta maldición de impotencia). Dios también le advirtió a Eva que tendría que lidiar con la maldición de la dominación de su esposo (quien estaría compensando su falta de poder genuino dado por Dios). Ella, a su vez, por su impotencia, intentaría hacerse cargo de la ineptitud de Adán mediante la manipulación y el control (ver Gn 3,16–19)[1].

—ɷ—

La manzana no cae lejos del árbol. Cada hijo e hija de nuestros primeros padres tiene que lidiar con estas consecuencias de impotencia, dominación y control. Todos somos propensos a las mismas debilidades[2]. Con nuestra pérdida de la gracia, nos esforzamos en el trabajo, tememos la dominación y tenemos una tendencia a volvernos pasivos, controladores y rebeldes, mientras experimentamos una debilidad inherente en nuestros intentos de resistir el pecado. Aunque se expresa en una miríada de formas, todos experimentan esta herida de la impotencia.

Estas debilidades humanas y abusos de poder se han manifestado a lo largo de la historia y estuvieron en plena exhibición durante la crucifixión de Jesús, cuando la grotesca maldad del poder mundano y la cobarde impotencia alcanzaron un crescendo. Jesús, por otro lado, dio testimonio del poder santo de Dios, incluso mientras experimentaba voluntariamente la impotencia de tener su cuerpo clavado en la cruz. Con el Padre y el Espíritu Santo frente al mal, soportó la cruz y despreció su vergüenza (ver Heb 12,1–2). Aceptando la maldición de nuestra impotencia y victimización, hizo posible que volviéramos a ser vencedores (ver 2 Cor 2:14).

Al resucitar de entre los muertos, Jesús reveló plenamente el gran poder de Dios y restauró el dominio de Dios a favor de la raza humana. Antes de ascender al cielo, prometió a sus discípulos una parte de su poder de resurrección: "*Recibirán la fuerza* del Espíritu Santo cuando venga sobre ustedes, y serán mis testigos" (Hechos 1:8, énfasis añadido). Esta promesa se cumplió en la fiesta de Pentecostés.

¿Puedes imaginarte a los discípulos en el aposento alto, orando en unidad con la madre de Jesús, María? Como la única persona en la sala que había tenido la experiencia previa de recibir el Espíritu Santo, conocía y comprendía el poder del Espíritu de Dios, que trajo a Jesús a su vientre muchos años antes. Esa primera vez tuvo que esperar nueve meses. Esta vez ella y sus hijos espirituales solo tuvieron que esperar nueve días, orando juntos intensamente hasta que descendió sobre ellos el don del Espíritu Santo. Las manifestaciones del gran poder de Dios cayeron sobre ellos en la forma de un viento impetuoso, lenguas de fuego y el don sobrenatural de lenguas (ver Hechos 2,1–4). Poco después, el fruto de la presencia del Espíritu se hizo evidente a través de su amor, gozo, paz, fortaleza, sabiduría, entendimiento y fidelidad. Los discípulos fueron transformados de hombres y mujeres heridos y escondidos en una habitación cerrada con llave a potencias de gracia, transformando el mundo y viviendo y muriendo como testigos de Cristo.

Confirmado en el poder del Espíritu Santo, Pedro habló con audacia ante las multitudes atónitas reunidas de todas las naciones. Dejó muy claro que este don del poder de Dios estaba disponible para todas las personas: "Arrepiéntanse, y que cada uno de ustedes se haga bautizar en el Nombre de Jesús, el Mesías, para que sus pecados sean perdonados. Entonces recibirán el don del Espíritu Santo. Porque el don de Dios es para ustedes y para sus hijos, y también para todos aquellos a los que el Señor, nuestro Dios, quiera llamar, aunque estén lejos" (Hechos 2,38–39).

Tú y yo somos contados entre los que están lejos. Todos los que creemos en Cristo y somos bautizados estamos invitados a renunciar al poder demoníaco y mundano y a recibir el poder santo de Dios. Según la enseñanza de la Iglesia, esta gracia se da en el sacramento de la Confirmación, que es "la efusión especial del Espíritu Santo, como fue concedida en otro tiempo a los Apóstoles el día de Pentecostés" (*CIC*, 1302). ¿No es asombroso? Tú y yo estamos invitados a recibir la misma plenitud de poder que permitió a los discípulos sanar a los enfermos, resucitar a los muertos y hablar con valentía como testigos de Cristo para cambiar el mundo.

Hagamos una pausa aquí por un momento para tomar esto en serio y ver cómo se aplica a cada uno de nosotros personalmente.

Tómate un momento

1. ¿Qué experimentaste cuando recibiste el Espíritu Santo (a través del sacramento de la Confirmación)? Si no has sido confirmado, describe cualquier experiencia que hayas tenido con el Espíritu Santo.
2. ¿Qué apegos, relaciones, deseos, etcétera, te impiden rendirte más plenamente al Espíritu Santo?
3. ¿Cómo difiere el poder del Espíritu Santo del poder mundano demoníaco? Da ejemplos de ambos tipos de poder influenciando tu vida.

—~—

Considerando estas preguntas por mí mismo, me doy cuenta de que mi conciencia del Espíritu Santo ha cambiado dramáticamente desde mi Confirmación. Recibí el sacramento a la edad de trece años, pero realmente no tuve ningún tipo de experiencia profunda o conciencia de la presencia del Espíritu Santo. Eso sucedería veinte años después. Sin embargo, mirando hacia atrás, puedo ver que el Espíritu Santo siempre estuvo obrando de manera invisible en mi vida, dándome la fuerza para amar, esperar, creer y elegir el bien en muchas situaciones de mi vida. También puedo ver cómo varios dones y frutos del Espíritu Santo estaban operando en mi vida en ese entonces (ver 1 Cor 12:4–7; Rom 12:1–6; Is 11:2; Gal 5:22–23). Pero nada de esto era obvio para mí en ese momento. Como no apreciaba mucho el regalo, no me rendí activamente a la influencia del Espíritu Santo en mi toma de decisiones diaria.

Irónicamente, el año en que recibí mi Confirmación fue cuando estaba más consciente de sentirme impotente en mi vida. Ese año, todo lo que me rodeaba parecía estar fuera de control: mi papá se fue, mi entrenador de baloncesto trató de abusar de mí y me sentí traicionado por mis mejores amigos y mi novia[3]. Al quedar sola para cuidar de siete niños, mi mamá parecía abrumada. Aunque estaba confirmado en el poder del Espíritu Santo, no estaba consciente de que podía aprovechar activamente la fuerza del Espíritu Santo para ayudarme a lidiar con estas circunstancias difíciles. En cambio, me aferré al control de la única manera que sabía: desconectando mi corazón de aquellos a los que yo amaba y poniendo una fortaleza a su alrededor.

Encontré "poder" a través de la autosuficiencia y los juicios impíos, así como a través de mi esfuerzo por hacer bien los deportes y en la escuela. Un día lamentable, incluso compensé mi impotencia acosando a un compañero de clase más débil. Todos estos, en retrospectiva, fueron intentos de demostrarme a mí mismo y a los demás que "tengo lo que se necesita"[4]. Por supuesto, estos intentos de sentirme poderoso solo sirvieron para ocultar aún más mis heridas subyacentes de impotencia y fortalecer aún más mi falso yo. Ninguno de estos intentos superficiales de poder produjo una sanación genuina o el tipo de fuerza interna que solo el Espíritu Santo es capaz de brindarnos a cualquiera de nosotros.

Mi conocimiento consciente del Espíritu Santo llegó cuando tenía poco más de treinta años, cuando un amigo me invitó a asistir a un estudio bíblico. Mientras estaba allí, uno de los hombres compartió algunas de las poderosas manifestaciones del Espíritu Santo en su vida, y yo quería aprender más sobre esta tercera persona de la Trinidad. Empecé a estudiar las Escrituras para aprender más y pronto descubrí que nuestra parroquia ofrecía un seminario de "Vida en el Espíritu".

Durante el seminario, pude sentir que el Espíritu Santo cultivaba en mí un deseo sobrenatural de una mayor liberación de su presencia y poder en mi vida. Pero cuando finalmente llegó el momento de recibir la oración, tuve miedo de perder el control, así que cerré mi corazón nuevamente para autoprotegerme. Debido a mi control, tuve dificultades para permitir que el Espíritu Santo fluyera libremente en mí y a través de mí. Todavía no había tratado con mis heridas de la impotencia o comenzado a enfrentar mi autosuficiencia y los juicios que me mantuvieron en control. Descubrí que me entusiasmaba mucho más aprender cosas sobre el Espíritu Santo que experimentar su presencia manifiesta. Antes de poder rendirme a su poderoso amor, necesitaba la sanación de estas heridas y el arrepentimiento por mi pecado de control.

Unos años más tarde, después de algunas sanaciones necesarias y ceder el control, experimenté un poderoso derramamiento del Espíritu Santo durante mi retiro de "Cristo renueva su parroquia"[5]. A partir de ese momento, comencé a reconocer los dones y el fruto del Espíritu Santo en mi vida y en aquellos a mi alrededor que también buscaban activamente a Dios (ver Is 11:2; Rom 12,1–6; 1 Cor 12,4–7; Gal 5,22–23). A través de esos dones espirituales, pude discernir la diferencia entre el fruto espiritual llamado "continencia" y mi control temeroso que salió de mis heridas de la impotencia y les dio poder a las fortalezas demoníacas en mi vida. Esta conciencia cambió gradualmente la forma en que rezaba y me relacionaba con los demás. Arrepintiéndome del control, cedí más al gentil poder del Espíritu Santo (este es un viaje continuo, por supuesto). También desarrollé un mayor deseo de aprender y comprender mejor lo que las Escrituras y la Iglesia enseñan sobre el auténtico poder de Dios.

A través de mi estudio de las Escrituras y las enseñanzas de la Iglesia, me di cuenta de que los eventos tanto del Antiguo como del Nuevo Testamento dieron contexto a la forma en que practicamos el sacramento de la Confirmación en la Iglesia hoy. Comenzando en el Antiguo Testamento, vi que el Espíritu Santo se daba exclusivamente a los siervos cuidadosamente escogidos de Dios, primero a los setenta ancianos llamados a ayudar a Moisés y luego a los salmistas y los artesanos que fueron comisionados para trabajar en el santo Templo de Jerusalén.

Poco después, sacerdotes, profetas y reyes también fueron "ungidos" con el Espíritu Santo. En la ceremonia de la unción, se derramaba sobre sus cabezas el aceite bendito, y el Espíritu Santo descendía sobre ellos y permanecía con ellos (ver Ex 29:7; 40:9; 1 Re 19:16; 2 Re 9:6; Sal 89:21). Podemos vislumbrar este ritual de consagración cuando el profeta Samuel ungió a David rey de Israel: "Samuel tomó su cuerno con aceite y lo consagró en medio de sus hermanos. Desde entonces y en adelante el espíritu de Yavé se apoderó de David" (1 Sm 16:13). Me encantan las imágenes aquí: "el espíritu de Yavé *se apoderó* de David".

Estos pasajes del Antiguo Testamento también brindan un contexto de por qué Jesús y sus discípulos usaron aceite bendito para ungir durante su ministerio. Y por qué el aceite bendito se sigue utilizando hoy en día en los sacramentos del Bautismo, la Confirmación y el Orden Sagrado, así como para la Unción de los Enfermos. La unción con aceite es un símbolo exterior de una profunda gracia espiritual: la "unción con el Espíritu Santo" interior.

A medida que continuaba estudiando a los profetas del Antiguo Testamento, comencé a ver que muchos de ellos anunciaban la venida del Mesías, el ordenado para cumplir los roles de sacerdote, profeta y rey (ver Heb 6:20; Hechos 3,22–23; Mt 27:11). Al igual que los ordenados de antaño, el Mesías sería ungido por el Espíritu para llevar a cabo la obra de Dios, ofreciendo sacrificio por el pecado (sacerdote), proclamando la justicia y la misericordia de Dios (profeta), y asegurando que reinaría el reino de Dios (rey). La siguiente profecía de Isaías establece la misión del Mesías y la unción, que es esencial para cumplir la misión: "¡El Espíritu del Señor Yavé está sobre mí! Sepan que *Yavé me ha ungido*. Me ha enviado con un buen mensaje para los humildes, para sanar los corazones heridos, para anunciar a los desterrados su liberación, y a los presos su vuelta a la luz . . . Me envió para consolar a los que lloran" (Is 61,1–2, énfasis añadido).

Al reflexionar sobre este pasaje, Mary Healy en su libro *Healing* [La sanación] observa: "Jesús eligió precisamente este pasaje [Isaías 61] para definir la esencia de su misión. Su mismo título Mesías (o en griego, Cristo) significa 'Ungido' y se deriva de esa unción en su bautismo . . . El pasaje de Isaías también describe la misión misma. El propósito de la unción de Jesús fue para que pudiera 'proclamar buenas nuevas a los pobres', buenas noticias que incluyen no solo palabras útiles sino las *mismas realidades* que las palabras anuncian: libertad, sanación y liberación del cautiverio"[6].

Después de proclamar públicamente este pasaje en la sinagoga de su ciudad natal, Jesús hizo lo que dijo, ya que la unción del Espíritu lo capacitó para predicar un mensaje de gran esperanza, sanar a los enfermos y traer libertad a todos los atados por el pecado y el mal (ver Lc 4,18–19; Hechos 10:38). Esta misión de sanar y liberar a los cautivos alcanzó su cúspide en la cruz.

Jesús impartió la unción del Espíritu a sus discípulos y prometió el mismo don a todos nosotros en cada nación que sería llamada por su nombre (ver Hechos 2,1–13. 38–39; 8:14; 10,44–48; 19,2–7; ver también 1 Juan 2:27). ¿Te das cuenta de que el nombre "cristiano" significa literalmente "ungido"? El Espíritu del Señor que permaneció con Jesús también está en nosotros y sobre nosotros, porque el Señor nos ha ungido a cada uno de nosotros para continuar su obra misionera en la tierra.

Todos los que hemos sido bautizados, confirmados u ordenados somos ungidos por el Espíritu Santo y comisionados para asumir una participación activa en la misión de Jesús. El padre Raniero Cantalamessa explica: "La unción no es un acto, sino un estado o modo de ser y de comportarse y, por así decirlo, todo un estilo de vida"[7]. Esa es una hermosa descripción de los sacramentos, ¿no? No son solo eventos, sino un modo de ser y "todo un estilo de vida". A través de ellos nos unimos a Jesús para compartir su identidad y llevar a cabo su misión. Nosotros también tenemos poder para traer buenas nuevas a los humildes, sanar a los quebrantados de corazón, proclamar libertad a los cautivos, liberar a los prisioneros y consolar a todos los que lloran. Así estamos llamados a vivir la gracia de la Confirmación en nuestra vida. No es solo un hecho de hace años sino un "modo de ser" y "todo un estilo de vida", hoy y todos los días.

Esta comprensión de que todos compartimos la unción y la misión de Jesús se hizo mucho más real para mí hace unos veinte años cuando un equipo misionero de la Ciudad de Nueva York visitó nuestra parroquia en Florida para ofrecer una renovación parroquial de cinco días. Al prepararme para la primera noche, el equipo presentador me preguntó si estaría dispuesto a proclamar Isaías 61 para comenzar la misión. Me pidieron que hablara sin micrófono como si estuviera en el lugar de Jesús hablando en la sinagoga después de su Bautismo.

Cuando me puse de pie, la iglesia estaba a oscuras y comencé a proclamar con denuedo: "¡El Espíritu del Señor Yavé está sobre mí! Sepan que Yavé me ha ungido". A medida que las palabras salían de mi boca, sentí que el poder del Espíritu me recorría a través de mí y de las palabras que estaba pronunciando. Confío en que otros también puedan sentir su presencia, porque el equipo de la misión me preguntó después si lo proclamaría nuevamente durante las próximas cuatro noches. Resultó ser una experiencia increíble para mí personalmente (y espero que también para los demás). Cada vez que me levantaba para proclamar estas palabras de Isaías 61, el mensaje se grababa más indeleblemente en mi mente y en mi corazón. Sentí que el Espíritu Santo me decía: "Esta no es solo la misión de Jesús, sino también la tuya, y la de todos los demás cristianos que han sido bautizados y confirmados".

¿Eso te incluye a ti? Si es así, te invito a que permitas que estas realidades se graben de forma indeleble en tu mente y en tu corazón. Permite que el nombre de *ungido* se convierta en parte de tu identidad fundamental. Si has sido bautizado y confirmado en Cristo, el mismo Espíritu Santo que ungió y capacitó a Jesús mora en ti y actúa a través de ti. Eres el amado del Padre. La presencia permanente de Jesús permanece contigo. Estás ungido con todo el poder del Espíritu Santo. La misión de Jesús se ha convertido en *tu misión*. Tú eres ungido para proclamar la Buena Nueva, sanar a los quebrantados de corazón, liberar a los cautivos y consolar a todos los que lloran. No tienes que preocuparte por sentirte inadecuado: él te ha dado su propio poder para superar tu impotencia.

El apóstol Pablo comprendió estas realidades y las vivió con confianza, afirmando: "Todo lo puedo en aquel que me fortalece" (Fil 4:13). El mismo Espíritu Santo que capacitó a Jesús para amar tan completamente, le dio a san Pablo y a cada uno de nosotros la capacidad de dar la vida por nuestros amigos y bendecir a nuestros enemigos. El poder del Espíritu Santo permitió a Jesús sanar, realizar milagros e incluso resucitar a los muertos. Ese mismo Espíritu en san Pablo y en nosotros nos da la capacidad de hacer las mismas cosas.

El poder que movió a Jesús a la compasión por los necesitados y le dio la valentía y la fuerza para ir a la cruz habita en nosotros y nos permite ser compasivos y tomar nuestra cruz y seguirlo. Este mismo Espíritu, que mantuvo a Jesús libre de pecado, nos convence cuando pecamos y nos da la capacidad de llegar a ser íntegros y santos, en unión con él. No hay límites a lo que somos capaces de hacer debido a este poder de unción del Espíritu Santo que hemos recibido a través de los sacramentos. Ya no somos impotentes, siempre y cuando nos rindamos al poder del Espíritu Santo en nuestras vidas. Pero lo contrario también es cierto. Sin el Espíritu Santo, no podemos hacer nada de fruto duradero (ver Jn 15:5). Debido a la caída, somos realmente impotentes para seguir a Jesús o llevar a cabo su misión sin su unción. Todos nos damos cuenta de esto, ¿no? Por nuestra cuenta no somos capaces de hacer nada de lo que hizo Jesús. No somos capaces de amor, milagros, gran valentía o cualquier otra virtud aparte de su "virtud" (esta palabra literalmente significa "fuerza").

Pero aquí están las buenas noticias: no necesitamos depender de nuestra propia fuerza cuando nos sentimos impotentes. Jesús animó a san Pablo con estas palabras cuando luchaba con sus propias incapacidades: "Mi mayor fuerza se manifiesta en la debilidad" (2 Cor 12:9). Esa es una gran noticia, ¿no? No tenemos que ser fuertes por nuestros propios medios porque Dios es todopoderoso. Como san Pablo, podemos jactarnos de nuestra "debilidad". Muchos de nosotros tenemos la costumbre de jactarnos de nuestras capacidades humanas, pero esto solo bloquea el poder del Espíritu Santo en nuestras vidas.

Puedo dar fe personalmente de cómo la autosuficiencia bloquea el movimiento del Espíritu Santo. Y también he observado cómo su unción fluye más libremente cuando dejamos ir el control y nos volvemos vulnerables. Uno de esos sucesos sucedió en mi vida durante un ayuno de nueve días, cuando me debilité mucho y me resultó difícil concentrarme. En el octavo día de ayuno, fui a trabajar a mi oficina de consejería y apenas podía funcionar. Pero a medida que avanzaba el día, una persona tras otra tuvo el avance de sanación más grande de sus vidas. Les di muy pocos consejos. Ni siquiera oré con la mayoría de la gente. En realidad, no hice gran cosa más que quedarme sentado sin fuerzas.

La *unción* del Espíritu Santo hizo todo el trabajo. Dios quería mostrarme cómo era la pobreza espiritual para poder demostrar su poder en y a través de mis debilidades. Después de que todo terminó, lo único que pude hacer fue elogiarlo y darme cuenta de lo engañado que había estado acerca de mis propias capacidades. Me di cuenta de una manera completamente nueva que, a pesar de mis muchos años de entrenamiento y experiencia, separado de él no podía hacer nada (ver Jn 15:4).

Una experiencia similar de confiar en Dios en medio de mi impotencia ocurrió mientras enseñaba un curso de "La redención y la sanación sexual" en el Instituto de Teología del Cuerpo en Pensilvania. Como sugiere el título, el material puede ser bastante intenso y tratar sobre pecados sexuales, heridas y problemas de identidad. En los meses previos al curso, nuestro equipo se reunió por teléfono para orar por los participantes y preparar todos nuestros corazones para lo que intuíamos iba a ser un encuentro muy poderoso con el Señor resucitado. A lo largo de ese tiempo, el padre Mark Toups, nuestro capellán del curso, seguía escuchando que necesitábamos orar por la "pobreza espiritual" (ver Mt 5:3). Nos animó a cada uno de nosotros a pedir esa gracia de docilidad al Espíritu Santo diariamente en preparación para el curso. En ese momento no teníamos idea de por qué esta postura de pobreza espiritual resultaría tan importante.

Una vez iniciado el curso, el padre Mark y yo nos reuníamos en privado todas las mañanas para orar juntos y prepararnos para el día. El tema de la pobreza espiritual siguió surgiendo en nuestra oración y conversación juntos, y esto se trasladó a la enseñanza. Los primeros días de clase me mantuve dócil al Espíritu Santo y los alumnos parecían muy receptivos y hambrientos de aprender. Pero a medida que pasaban los días, sus heridas y pecados salieron a la superficie. La frustración y la ira (a menudo síntomas de impotencia) comenzaron a manifestarse el martes por la tarde. El miércoles por la mañana todos parecían abrumados por el dolor que sentían (estar abrumado es otro síntoma de impotencia). Cuando me paré frente a la clase para enseñar el miércoles por la tarde, pude ver que muchos se habían cerrado mental y emocionalmente.

Cuando comencé a exponer la lección, fue como si le estuviera hablando a una pared de ladrillos. Los estudiantes no pudieron recibir más verdad o convicción.

Sin darme cuenta, al ver su falta de receptividad y su evidente dolor, yo también comencé a sentirme impotente y no sabía cómo llegar a ellos. Después de unos minutos de ver su falta de respuesta, detuve la clase para consultar con el padre Mark. Juntos, discernimos que debíamos despedir a la clase y animar a todos a salir para la recreación. Esa noche casi todos en la clase trajeron su dolor y pecado a los sacerdotes en el sacramento de la Reconciliación. Después, pude ver cierto levantamiento del espíritu de opresión que estaba causando la impotencia.

A la mañana siguiente, cuando me encontré con el padre Mark para nuestro tiempo de oración juntos antes de la clase, todavía me sentía oprimido e impotente. Le confesé que no tenía inspiración para la mañana y que me resistía a ponerme de pie frente a la clase nuevamente. Después de escuchar mi confesión, me ofreció un gran consejo, aunque era lo último que quería escuchar: "Genial. Este es el momento por el que hemos estado orando durante meses: esta es tu pobreza espiritual". Respondí: "Es fácil para ti decirlo: yo soy el que tiene que levantarse para enseñar". Él me replicó: "No, no lo harás; eso depende de Dios. Solo párate ahí y déjalo hacer lo que quiera".

Sintiéndome extremadamente vulnerable, me puse de pie frente a los estudiantes sin nada que ofrecer. El tema de esa mañana fue la sanación, que es un tema del que normalmente me encanta hablar. Pero después de pedirles que abrieran el libro de ejercicios por esas páginas, sentí un control en mi espíritu y escuché la voz inaudible del Espíritu Santo en mis pensamientos: "No enseñes. Simplemente proclama Isaías 61 (la Escritura introductoria en las notas) y permite que Jesús hable a través de ti". Dando un paso de fe, con cierta inquietud, cedí a la dirección. Tan pronto como lo hice, el Espíritu Santo vino sobre mí con su fuerte presencia, y audazmente proclamé estas palabras (nuevamente sin micrófono): "¡El Espíritu del Señor Yavé está sobre mí! Sepan que Yavé me ha ungido. Me ha enviado . . . para sanar los corazones heridos, para anunciar a los desterrados su liberación, y . . . para consolar a los que lloran".

Lo que sucedió después es imposible de describir adecuadamente. Pero para darte una idea, esa clase ahora es llamada "Jueves de

Pentecostés" por algunos de los estudiantes. Ninguno de nosotros podría haber imaginado lo que estaba a punto de suceder cuando estas palabras fueron proclamadas bajo la unción del Espíritu Santo. Antes de que yo pudiera terminar de proclamar el pasaje bíblico, la gente de la sala empezó a llorar. Para muchos, sus sollozos se convirtieron rápidamente en lamentos. Luego, tan repentinamente como comenzó el llanto, cesó y una ola de profunda paz descendió sobre todos. Después de un tiempo de profundo silencio, el regocijo comenzó a extenderse por toda la sala, ya que nuestra "tristeza [se convirtió] en alegría" (Jer 31:13). Una persona comenzó a cantar una canción de alabanza al Señor, y en cuestión de segundos toda la clase se unió espontáneamente, adorando a Dios al unísono con sincera gratitud.

Mientras un espíritu de asombro llenaba la habitación, uno tras otro se puso de pie y compartieron cómo Jesús personalmente vino a ellos y sanó sus corazones rotos, los liberó de sus lugares de cautiverio y los consoló en su luto. Mientras se proclamaban las palabras de Isaías 61, dijeron que sintieron que el Espíritu Santo corría sobre ellos y se movía a través de ellos. Los estudiantes describieron experiencias de ver a Jesús, escucharlo hablarles personalmente, y muchos dijeron que los tocó físicamente y los sanó. Otros tuvieron visiones de Jesús atendiendo sus recuerdos y heridas de la niñez; muchos fueron sanados de compulsiones sexuales profundamente arraigadas y de las heridas que subyacen a estos pecados habituales.

Para mí, toda la experiencia fue una demostración del poder de Dios perfeccionándose en nuestras debilidades (ver 2 Cor 12:9). Tal como lo prometieron las Bienaventuranzas, el reino de los cielos realmente descendió entre nosotros mientras permanecíamos indefensos en nuestra pobreza espiritual. Más tarde ese día, el padre Mark y yo reímos con la alegría de los niños pequeños. No hay nada que pudiera haber enseñado que pudiera compararse con lo que Jesús hizo en los corazones de esos estudiantes. Resultó que Jesús me estaba enseñando la lección de mi vida ese día, una que debo volver a aprender continuamente: tenía que soltar mi control y darle al Espíritu Santo la libertad de hacer lo que deseaba. ¡Alabado sea Dios, porque él es más que capaz, especialmente cuando reconocemos que no lo somos!

—ᨓ—

Una de las grandes alegrías de mi vida es ver a las personas recibir una profunda sanación y transformación y luego ver su mayor libertad para rendirse al Espíritu Santo. Pasan de depender de su control humano a permitir que el poder de Dios se mueva a través de ellos. Sus vidas y ministerios se renuevan y, a su vez, tocan a muchos otros. En los últimos años, nuestro equipo en el Centro de Sanación Juan Pablo II ha ministrado a muchos religiosos consagrados. En mi opinión, son íconos del sacramento de la Confirmación, porque han dedicado completamente sus vidas a compartir la misión de Jesús, cada uno con su propio carisma único.

Los que he conocido a lo largo de los años han sido hombres y mujeres devotos de todas las edades que tienen una cosa en común: un corazón para servir a Dios ya su pueblo. Pero con demasiada frecuencia sus corazones también han sido profundamente heridos y pasados por alto. Siempre me sorprende descubrir la profundidad de sus heridas sin sanar que se esconden detrás de sus hábitos. Algunas de estas heridas son bastante debilitantes, incluyendo la vergüenza del abuso sexual, el severo rechazo y el abandono, y muchos otros traumas, dejando un legado de miedo, confusión e impotencia. Muchos no habían compartido estas heridas con nadie excepto con su novio, Jesús, y se habían cansado de la desesperanza.

Qué gran privilegio ha sido para mí y para nuestro equipo haber sido confiados en sus corazones para facilitar el amor sanador de Jesús por ellos. A medida que estos religiosos han entrado en sus jornadas de sanación, ha tenido un profundo efecto en muchos de sus ministerios. Con una mayor libertad en sus corazones, se vuelven capaces de una entrega más profunda al Espíritu Santo, que a su vez aumenta la unción de gracia que fluye a través de su carisma. Para un hermano, su proceso de sanación le ha dado un nuevo fervor y entusiasmo en su don de evangelización. Ahora ve la sanación como una parte central de traer a los demás a una relación vital con Jesús.

Para una hermana religiosa, su transformación personal se ha multiplicado por cien a través de su don de hablar con personas de todas las edades. Sus palabras ahora comunican tanto del amor y de la verdad del Espíritu Santo que sus oyentes reciben sanación cuando ella entrega su mensaje y comparte su testimonio. Para otro grupo de hermanas, sus experiencias personales de sanación han influido en la forma en que preparan a los estudiantes para los sacramentos. Recientemente, me invitaron a observar a dos de ellas ofrecer un retiro de Confirmación a unos ochenta estudiantes de noveno grado. El Espíritu Santo obró poderosamente a través de estas hermanas en su nueva vulnerabilidad. Los estudiantes lo pasaron muy bien, pero más importante aún, muchos de ellos dijeron que se encontraron con el Dios vivo por primera vez.

Las hermanas les enseñaron sobre la realidad y el poder del Espíritu Santo y la belleza de los sacramentos. Testificaron a los estudiantes sobre su necesidad de sanación y los involucraron en actividades divertidas en las que se rieron mucho y comprometieron sus corazones. Finalmente, los invitaron a experiencias de oración grupales e individuales para encontrar a Jesús resucitado. Muchos de los jóvenes experimentaron la sanación de sus heridas y la mayoría de ellos salieron con una mayor capacidad para recibir el derramamiento del Espíritu Santo el día de la Confirmación. Meses después, varios de esos estudiantes compartieron su experiencia cuando el Espíritu Santo descendió sobre ellos con poder después de que su obispo local les impuso las manos y los ungió con aceite en su Confirmación.

Después del retiro con las hermanas, partí anhelando que su carisma se extendiera por toda la Iglesia, para que toda persona que se prepara para recibir el sacramento de la Confirmación experimente más plenamente "la efusión especial del Espíritu Santo, como fue concedida en otro tiempo a los Apóstoles el día de Pentecostés" (*CIC*, 1302). Ven, Espíritu Santo, ¡y deja caer tu fuego! ¿Te imaginas lo que podría suceder en nuestro mundo si la mayoría de nosotros que ya hemos sido bautizados y confirmados en la Iglesia nos arrepintiéramos de nuestro poder, control y autosuficiencia mundanos y permitiéramos que el poder del Espíritu Santo se perfeccione más plenamente en nuestra debilidad? En el próximo capítulo, exploraremos cómo se ve esto en el sacramento del Orden Sagrado.

Antes de dirigir nuestra atención allí, tomemos un momento para pedirle al Espíritu Santo que prepare nuestros corazones para un mayor derramamiento de su presencia. Recuerda que tú eres su *ungido*. Las siguientes reflexiones te ayudarán a vivir más plenamente desde esta identidad.

Tómate un momento

1. ¿De qué manera te aferras al falso poder y al control en tu vida? Sé específico.
2. En tu opinión, ¿cuál es la diferencia entre la herida de la impotencia y la "pobreza espiritual"?
3. Describe algunas experiencias en tu vida donde el Espíritu Santo obró a través de tus debilidades y tu pobreza espiritual.

Meditación en las Escrituras

El siguiente pasaje de Hechos 8,9–19 muestra cómo la Iglesia primitiva practicaba la Confirmación llamando a los apóstoles a imponer las manos sobre los bautizados para recibir el Espíritu Santo. También contrasta el poder del Espíritu Santo con el poder demoníaco y mundano. Te animo a leer este pasaje tres veces, lentamente, para obtener el mayor beneficio.

1. Comienza pidiéndole al Espíritu Santo que te guíe mientras reflexionas sobre el pasaje bíblico.
2. Lee el pasaje lentamente por primera vez para una comprensión general, notando el contraste entre el poder del Espíritu Santo y el de las fuerzas demoníacas y seculares.
3. Lee una segunda vez lentamente, viendo cómo el Espíritu Santo descendió sobre la gente, y escucha una palabra o frase que te hable al corazón.
4. Lee una tercera vez, muy lentamente, dejando que el Espíritu Santo te hable personalmente; luego registra lo que recibes en tu diario.

La Confirmación en la Iglesia primitiva

"Había llegado a la ciudad antes que Felipe un hombre llamado Simón. Tenía muy impresionada a la gente de Samaría con sus artes mágicas y se hacía pasar por un gran personaje. Todos estaban pendientes de él, pequeños y grandes, y decían: 'Este hombre es la fuerza de Dios', pues se hablaba de una 'gran fuerza de Dios'. Desde hacía tiempo los tenía maravillados con sus artes mágicas, y la gente lo seguía. Y cuando Felipe les habló del Reino de Dios y del poder salvador de Jesús, el Mesías, tanto los hombres como las mujeres creyeron y empezaron a bautizarse. Incluso Simón creyó y se hizo bautizar. No se separaban de Felipe, y no salía de su asombro al ver las señales milagrosas y los prodigios que se realizaban. Cuando los apóstoles que estaban en Jerusalén tuvieron noticia de que los samaritanos habían aceptado la Palabra de Dios, les enviaron a Pedro y a Juan. Bajaron y oraron por ellos para que recibieran el Espíritu Santo, ya que todavía no había descendido sobre ninguno de ellos y sólo habían sido bautizados en el nombre del Señor Jesús. Pero entonces les impusieron las manos y recibieron el Espíritu Santo. Al ver Simón que mediante la imposición de las manos de los apóstoles se transmitía el Espíritu, les ofreció dinero, diciendo: 'Denme a mí también ese poder, de modo que a quien yo imponga las manos reciba el Espíritu Santo'" (Hechos 8,9–19).

Oremos

1. Pídele perdón al Padre por cualquier área en la que hayas confiado en el poder mundano o demoníaco para manipular, controlar, dominar o rebelarte contra la autoridad (luego resuelve confesar estos pecados en el sacramento de la Reconciliación).
2. Luego, renuncia a todo poder profano, control, manipulación, intimidación, rebelión, prácticas ocultas, impotencia, victimización y pereza: "En el nombre de Jesús, renuncio al poder profano, control, manipulación . . .".
3. Pídele al Espíritu Santo que te llene de su poder y levante las gracias de tu Bautismo y tu Confirmación. Puedes orar con tus propias

palabras desde tu corazón o rezar en voz alta la siguiente oración del padre George Montague:

Oración por el envío del Espíritu Santo

Señor Jesús, quiero ser tu servidor, tu instrumento para llevar la fe, la esperanza y el amor a la vida de los demás[8]. Para hacer esto, necesito los dones de tu Espíritu Santo, los dones de palabra y los dones de servicio. Por favor, muéstrame qué dones necesito y ayúdame a crecer en los que ya me has dado. No me dejes pensar que mis talentos naturales son suficientes para construir tu reino. Toma lo que me has dado por naturaleza y transfórmalo por la unción de tu Espíritu Santo. Que yo, como tu madre (en Lucas 1,39–56), sea movido a alabar, a escuchar tu palabra, a compartirla y a servir. Amén.

6

LA AUTORIDAD DEL PADRE

Cómo el Orden Sagrado sana las heridas de la confusión

Como el Padre me envío a mí, así los envío yo también.

Juan 20:21

Papá lo sabe todo fue un programa de televisión popular desde mis primeros recuerdos. Defendiendo los valores tradicionales, el programa simbolizó la cultura estadounidense en la que crecí a fines de la década de 1950 y principios de la de 1960. Este extracto del libro del Eclesiástico destaca las virtudes del honor y el respeto a la autoridad, que eran más prominentes en ese momento: "Porque el Señor quiso que los hijos respetaran a su padre, estableció la autoridad de la madre sobre sus hijos. El que respeta a su padre obtiene el perdón de sus pecados; el que honra a su madre se prepara un tesoro . . . el día en que le implore, el Señor lo atenderá" (Eclo 3,2–5).

Durante mis años de formación, estas sabias palabras del libro del Eclesiástico coincidían con el mundo que experimentaba a mi alrededor. Me enseñaron a reverenciar a Dios y honrar su autoridad ordenada. Las expectativas y los roles, siguiendo este orden dado por Dios, permanecieron claros en el hogar, en la iglesia y en la escuela. Ciertamente, no todos vivieron estos ideales a la perfección en la década de 1950, pero el valor de honrar a la autoridad permaneció incuestionable a lo largo de la cultura en la mayoría de los entornos. Dentro y fuera de la familia, no se toleraba ni la falta de respeto ni la rebeldía, encontrándose con una firme disciplina cada vez que se violaban los límites del honor.

Entre los fieles católicos, el papa, los obispos y los sacerdotes representaban la jerarquía de autoridad y, por lo tanto, obtuvieron el mayor honor y respeto en nuestras comunidades. Creíamos y vivíamos a partir de la suposición de que el "Padre" sabe mejor porque entendíamos implícitamente que aquellos ordenados al ministerio sacerdotal de Cristo derivaban su paternidad del único Padre verdadero que es la fuente de toda autoridad genuina (ver Mt 23:9; Rom 13:1–2; Heb 13:17).

Para muchos católicos de esa época, los sacerdotes eran casi demasiado venerados. Muchos los pusieron en un pedestal, lo que no nos permitió ver que tenían su propio quebrantamiento. Pero estos sacerdotes eran en su mayor parte buenos padres, sin embargo. Con suficientes sacerdotes para que muchas parroquias tuvieran dos o tres en residencia, parecían estar siempre presentes. La mayoría, en mi experiencia, mostró una autoridad genuina, con un corazón de siervo, e interactuó regularmente con sus hijos espirituales en nuestras escuelas católicas, en nuestras funciones parroquiales y ocasionalmente alrededor de la mesa de la cena en nuestros hogares. Los sacerdotes eran parte del ritmo natural de la vida familiar y parroquial, y confiábamos sin dudar que nuestro "Padre" sabía lo que era mejor para nosotros, sus hijos espirituales.

Las cosas cambiaron rápidamente a finales de los años sesenta. Para cuando llegó el comienzo de los años setenta, la *rebelión* se convirtió en sinónimo de nuestra nación, a medida que los disturbios se extendían por las principales ciudades de los Estados Unidos. Simultáneamente, la cultura de las drogas y la revolución sexual se levantaron como una inundación furiosa, arrasando con las costumbres sociales tradicionales. Incluso la Iglesia experimentó un tiempo de caos con todas las interpretaciones desordenadas del Concilio Vaticano II. Miles de sacerdotes y religiosos abandonaban la Iglesia, a medida que las antiguas normas que sustentaban a la familia, la iglesia y la sociedad se erosionaban rápidamente en un mar de *confusión*.

—∞—

En el punto más alto de este levantamiento social, entré en mi adolescencia, una época en la que muchos jóvenes naturalmente cuestionan la autoridad como una forma de formar su propia identidad. Mientras toda la agitación estaba ocurriendo en el mundo que me rodeaba, mis cimientos seguros en el hogar también se estaban desmoronando. Dave, mi hermano mayor por dos años, se sumergió en la cultura de las drogas y abrazó la revolución sexual sin restricciones. Mientras tanto, la autoridad en nuestra familia colapsó cuando descubrimos que mi papá bebía mucho y tenía una aventura. Más tarde dejaría a la familia para siempre. Estos eventos y revelaciones naturalmente dejaron mi mundo personal en un estado de confusión y desorden.

Al perder algo de respeto por nuestro hermano mayor y nuestro padre, mis hermanos y yo ya no nos adherimos a la filosofía de vida de *Papá lo sabe todo.* La certeza de la sabia autoridad paterna, verdadera o falsa en un tiempo anterior, ahora se hizo añicos. El escepticismo reemplazó la confianza no solo con nuestro padre, sino de alguna manera con todos los que tenían autoridad. Pronto permitimos que nuestras actitudes y comportamientos irrespetuosos se infiltraran en nuestra relación con nuestra madre. Y con todo eso, deshonramos a Dios y sus mandamientos, que nos habían sido dados como un regalo para preservar el orden sagrado en nuestras relaciones (ver Ef 6:2; Eclo 3,2–5).

Sin darme cuenta, mi reverencia hacia Dios y su sacerdocio también se debilitó durante esos años. Aunque mis experiencias con los sacerdotes continuaron siendo en gran medida positivas, mi corazón ya no confiaba en ellos (ni en nadie más) para hablar con la autoridad de Dios. Los sacerdotes y la Iglesia que representaban se convirtieron en una voz más en una confusa cacofonía de voces en competencia. Me sentí obligado a descifrar la vida por mi cuenta, sin ninguna figura de autoridad que me guiara. Aunque todavía asistía a la iglesia, ya no me sentía anclado allí, como lo había estado antes en mi vida. No es de extrañar que estuviera en una crisis de fe cuando llegué a los veintitantos: ¡no sabía en qué creer o en qué autoridad podía confiar![1] Un dicho popular en ese momento era: “No confíes en nadie mayor de treinta”. La confusión se había asentado insidiosamente en mi mente y corazón y también en nuestra cultura.

—∽—

¿Estás familiarizado con esta experiencia de no confiar en la autoridad y sentir que tienes que resolver las cosas por tu cuenta? De una forma u otra, es una experiencia humana compartida de este lado del Edén.

Algunos de nosotros somos más conscientes de ello que otros, quizás, porque nuestras circunstancias de vida individuales lo hacen más evidente. Pero todos nosotros estamos sujetos a esta tendencia hacia la autosuficiencia impía, que es tan antigua como la historia misma. En última instancia, tiene sus raíces en la mentira de la serpiente en el Jardín del Edén, lo que sugiere que podemos ser nuestra propia autoridad autonombrada, sabiendo lo que es bueno y malo, aparte de Dios (ver Gn 3).

Según San Juan Pablo II, nuestra rebelión contra la autoridad paternal de Dios ha permeado toda la historia desde la caída: "*Esta es verdaderamente la clave para interpretar la realidad . . . El pecado original, entonces, intenta abolir la paternidad*, destruyendo sus rayos poniendo en duda la verdad de Dios, que es amor"[2]. Cuando dudamos del amor, la sabiduría y la integridad del Padre, perdemos nuestra capacidad de confiar en él y en la autoridad establecida por él. Si no se controla, eventualmente perderemos el contacto con la base de la realidad misma.

¿Te imaginas lo desorientador que debe haber sido para Adán y Eva ser desplazados de su refugio seguro después de su pecado? La autoridad benévola del Padre, una vez fuente de su protección y cuidado íntimo, de repente se convirtió en una amenaza para ellos. Ya nada tenía sentido. Estaban perdidos en el verdadero sentido de la palabra. Su rebelión trajo caos e interrupción no solo a sus vidas sino también a las nuestras. Desde ese momento de cataclismo, la confusión y el desorden han estado corriendo rampantes en nuestro mundo. La rebelión masiva que sacudió nuestra cultura en la década de 1960, y que de alguna manera impregna nuestra sociedad y nuestras familias hoy en día, es simplemente un reflejo de ese levantamiento original en el jardín.

—~—

Podrías preguntar, como yo lo he hecho, ¿qué puede sanarnos colectiva e individualmente de esta herida primordial de confusión y desorden? Dado que la herida tiene sus raíces en las percepciones distorsionadas de la autoridad del Padre y nuestra rebelión contra su autoridad, el antídoto debe ser lo contrario: restaurar nuestra comprensión de su autoridad y someternos humildemente a esa autoridad en nuestras vidas. ¿Tiene sentido, no? Si la confusión es el resultado de que todo está fuera de orden, entonces la restauración del plan de Dios, volviendo a colocar todo en su lugar, es lo que se necesita para darnos una visión clara y una comprensión del orden sagrado de Dios.

¿Quién mejor que el Hijo unigénito del Padre para mostrarnos cómo es el orden sagrado? Esto es precisamente lo que hizo Jesús cuando vino a la tierra. Honró a su madre y a su padre y los obedeció (ver Lc 2:51), se sometió a las autoridades correspondientes y, sobre todo, se sometió humilde y continuamente a la misión y autoridad de su Padre. A lo largo de toda su vida, muerte y resurrección, solo hizo lo que el Padre le mostró y le dijo que hiciera (ver Jn 5:19; 12:49).

La santa sumisión de Jesús a la autoridad de su Padre brinda una hermosa lección y un modelo de humildad para todos nosotros (ver Fil 2,5–9). A diferencia de Adán, que se rebeló contra la autoridad de Dios y se sometió al padre de toda mentira, Jesús nunca dejó de confiar en la bondad y la guía de su Padre, incluso cuando el padre de toda mentira trató de engañarlo (ver Mt 4:1). Jesús no se dispuso a abrir su propio camino, sino que se sometió voluntariamente al camino ordenado por el Padre en todas las cosas. En última instancia, el Padre concedió plena autoridad a Jesús, devolviendo a la humanidad el dominio que había perdido cuando Adán desobedeció (ver Mt 28:18).

¿Qué pasa con el resto de nosotros? ¿Qué tan bien nos sometemos al Padre ya la autoridad que él ha establecido a través de Jesús? Si somos honestos, todos nos quedamos cortos en esta área. Me tomó un tiempo reconocer mi pecado en este ámbito de someterme a la autoridad. Al ver la rebelión de mi hermano, estaba menos inclinado a seguir su ejemplo. Pensé que yo era el hijo obediente, que se sometía a la autoridad. Pero en realidad, mi corazón no descansó en la verdadera sumisión al Padre. Era más como el hermano mayor en la historia del hijo pródigo, quedándome en casa y haciendo todo lo correcto, pero sin confiar realmente en el amor del Padre.

Durante una temporada de intensa sanación y conversión, el Espíritu Santo me reveló que mi confusión provenía de mi falta de confianza en la autoridad y, en última instancia, esto apuntaba a mi falta de confianza en el Padre mismo. Me mostró además a través del espejo de las Escrituras que yo había cubierto esta herida con una actitud de *insolencia* con respecto a la autoridad. Al principio me resistí a esta revelación, sin siquiera entender el significado de la palabra "insolencia". Una vez que supe que significaba arrogancia o soberbia, ciertamente no quería verme de esa manera. Después de todo, no falté el respeto a la autoridad exteriormente ni me rebelé contra ella; simplemente confié en mí mismo en silencio. Casi imperceptiblemente me había convertido en mi propia autoridad. No me di cuenta de que mi autosuficiencia era en realidad una insolencia disfrazada.

Pero interiormente, por mi falta de confianza, actué como si fuera más sabio que toda la autoridad que me rodeaba, incluida la Iglesia. Un excelente ejemplo vino cuando leí y estudié las Escrituras. Confié en mis propias interpretaciones personales más que en la autoridad de la Iglesia. Preferí mi propia capacidad de razonamiento a la trayectoria de dos mil años de la Iglesia de ser guiada por el Espíritu Santo. Pero ¿no es gracioso cómo obra Dios para mostrarnos nuestra insensatez?

Durante esa temporada, me inspiré a estudiar algunos de los primeros escritos de la Iglesia, comenzando con san Ignacio de Antioquía en el primer siglo d.C. Descubrir lo que tenía que decir sobre la autoridad me sacó de mi insolencia y me llevó a cuestionar mi autosuficiencia. En varias de sus cartas escritas a las iglesias en Asia, se refirió al obispo como la imagen viviente de Dios Padre[3]. Luego advirtió que cualquiera que no se someta amorosamente a la autoridad del obispo se rebela contra el Padre mismo.

Cuando leí estas palabras por primera vez, me quedé perplejo y me pregunté cómo podía ser esto. Casi me parecía una blasfemia poner a un ser humano en el lugar de Dios. Pero lo que realmente reveló es que no entendía el sacramento del Orden Sagrado. Al orar por esto, fui guiado a orar y estudiar las Escrituras y la historia de la Iglesia, para ver si esta enseñanza era de Dios o simplemente de origen humano. Lo que descubrí me llevó a repensar totalmente mi postura en relación con la autoridad, lo que a su vez comenzó a sanar mis heridas de la confusión que me habían atormentado desde mi adolescencia.

Al pedir la guía del Espíritu Santo, comencé a buscar en el Nuevo Testamento y casi de inmediato me encontré con este versículo: "Cada uno en esta vida debe someterse a las autoridades. Pues *no hay autoridad que no venga de Dios*, y los cargos públicos existen *por voluntad de Dios*. Por lo tanto, el que se opone a la autoridad se rebela contra un decreto de Dios y tendrá que responder por esa rebeldía" (Rom 13,1–2, énfasis añadido).

Mientras leía estas palabras, me estremecí, preguntándome cuánta condena me había causado a lo largo de los años. Pero también racionalicé que estas palabras solo se referían a la autoridad gobernante en la sociedad y no a la autoridad en la Iglesia. Mi alivio duró poco. Pronto sería corregido, una vez más.

A medida que continuaba mi estudio, comencé a ver cómo la autoridad se transmitía del Padre a Jesús y a los apóstoles como una forma de perpetuar su presencia sacramental en el mundo (ver Jn 20,21–22; Mt 18:20). Con el tiempo, estos hombres pasaron la autoridad sagrada de Jesús a otros hombres, a través del Espíritu Santo. Se convirtieron en padres espirituales para sus comunidades. Pronto descubrí que esto representaba la primera expresión del sacramento del Orden Sagrado (ver 2 Tm 1:6; 1 Tm 3:1; Ti 1:5; Hechos 6,1–6).

Finalmente, pude ver el vínculo con las palabras de san Ignacio y la necesidad de mi obediencia a la autoridad que Dios designó en la carta a los Hebreos: "Obedezcan a sus dirigentes y estén sumisos, pues ellos se desvelan por sus almas, de las cuales deberán rendir cuenta" (13:17). Cuando finalmente me dirigí al *Catecismo*, los vínculos se hicieron aún más claros: "El Orden es el sacramento gracias al cual la misión confiada por Cristo a sus Apóstoles sigue siendo ejercida en la Iglesia hasta el fin de los tiempos: es, pues, el sacramento del ministerio apostólico" (*CIC*, 1536). Desde los primeros días de la Iglesia, la santa autoridad del Padre se ha transmitido de generación en generación. Esta autoridad del obispo, sacerdote y diácono ha existido de alguna forma a lo largo de los siglos para preservar la unidad en el cuerpo de Cristo, para proteger a los miembros del error y el engaño y, lo que es más importante, para mantener a los fieles bajo el cuidado protector de la autoridad sabia y benevolente del Padre.

¿Ves cómo el sacramento del Orden Sagrado es el remedio sanador de Dios para corregir el desorden impío que vino al mundo con el pecado original? Por este sacramento, el Padre, que es el autor de todas las cosas, restablece su autoridad a través de aquellos que llevan su imagen, "para que el Pueblo de Dios permanezca en la verdad que libera" (*CIC*, 890). Esta autoridad no es solo para ciertos grupos en la Iglesia sino para todo el Cuerpo de Cristo. Y no es solo para la Iglesia; está destinada por Dios a la sanación del mundo entero (ver *CIC*, 775).

Donde el pecado original intentó abolir la paternidad de Dios en la tierra a través de la rebelión de Adán, este don de la autoridad paterna de Dios en Cristo (Orden Sagrado) busca restaurarla para todos. Es el vínculo que mantiene unida a la familia de Dios, restableciendo su orden trinitario donde el caos y el control impío han reinado en el mundo. Cada uno de nosotros está llamado a ser sacerdote de Cristo, cada uno según su respectiva vocación. El sacerdocio ministerial sirve al sacerdocio común de todos los creyentes (ver *CIC*, 1547). Además, los ordenados por Jesús están encargados de que toda persona en el cielo y en la tierra aprenda a "doblar sus rodillas ante el Padre" libremente para que todos puedan descubrir su verdadera identidad en Cristo (ver Ef 3:16).

Aquí hay mucho que asimilar, así que tomemos un momento para aplicar estos conocimientos a cada una de nuestras vidas personalmente.

Tómate un momento

1. ¿Cómo se manifiesta en tu vida la herida de la confusión y el desorden? ¿Cómo afecta la forma en que te relacionas con la autoridad?
2. ¿Cuál es tu reacción al dicho de san Ignacio: "El que se somete al obispo se somete a Dios Padre"?
3. Cuando piensas en someterte a la autoridad, ¿cuáles son tus reacciones emocionales? ¿Es la sumisión deseable o aterradora para ti? ¿Por qué?

¿Tiene sentido que tu identidad solo se aclare cuando te sometes a nuestro Padre celestial? El Padre es el único capaz de decirnos a cualquiera de nosotros quiénes somos realmente porque solo él conoce completamente nuestros corazones y nuestro propósito en la vida. Si no confiamos en él y no nos sometemos a él, haciendo todo lo que nos dice que hagamos, ¿cómo es posible que nos convirtamos en la persona única que él nos creó para ser? Santiago transmite esta verdad con un poco de humor: "Pongan por obra lo que dice la Palabra y no se conformen con oírla, pues se engañarían a sí mismos. El que escucha la palabra y no la practica es como aquel hombre que se miraba en el espejo, pero apenas se miraba, se iba y se olvidaba de cómo era" (Sant 1,22–24).

¿Alguna vez has dejado un espejo y olvidado cómo te ves? Santiago está usando la analogía física para hablar de una realidad espiritual. Espiritualmente, olvidar nuestra apariencia es perder nuestro sentido de identidad como hijos e hijas amados del Padre. Recuerda que Jesús es ese espejo que nos muestra quiénes somos, y su imagen continúa en la tierra a través del sacramento del Orden Sagrado. El Padre da el don de la ordenación a los llamados a representarlo para que todos sean transformados en Cristo. A través de esta gracia del Orden Sagrado, la autoridad del Padre se restaura en nuestro mundo, en la Iglesia y en cada una de nuestras vidas personales.

Pero puedes preguntarte, ¿Cómo lo he hecho, cómo los seres humanos infectados y heridos por el pecado pueden revelarnos el rostro de Cristo?. ¿Y cómo pueden representar el corazón del Padre para el resto del mundo? Ciertamente, todos sabemos de obispos, sacerdotes, diáconos e incluso papas a lo largo de la historia que no han representado bien a Jesús. Pero eso no quita su llamado y su unción para ser sus representantes de una manera diferente a cómo el resto de nosotros estamos llamados a reflejar su imagen. Obviamente, ningún ser humano puede representar a Cristo a la perfección, pero el Espíritu Santo obra a través de cada uno de nosotros en nuestras debilidades (ver 2 Cor 12,8–10). Puesto que Jesús mismo dio esta autoridad y prometió su presencia (ver Mt 16, 18, 28), es su autoridad, obrando a través de la debilidad humana, la base de nuestra confianza. "Puesto que en último término es Cristo quien actúa y realiza la salvación a través del ministro ordenado, la indignidad de éste no impide a Cristo actuar. San Agustín lo dice con firmeza: 'En cuanto al ministro orgulloso, hay que colocarlo con el diablo. Sin embargo, el don de Cristo no por ello es profanado: lo que llega a través de él conserva . . . su pureza y, si atraviesa seres manchados, no se mancha'" (*CIC*, 1584).

La falta de integridad o santidad de los ministros ordenados no impide que las gracias de Dios fluyan a través de ellos. Jesús todavía actúa a través de sus ministros en los sacramentos en beneficio de quienes los reciben. Sin embargo, eso no implica que la santidad o integridad del ministro no sea importante. De hecho, es de vital importancia para la eficacia de su misión y su testimonio en Cristo. Para representar efectivamente a Cristo, todos los ministros del evangelio, incluyendo cada obispo, sacerdote y diácono, deben crecer en su verdadera identidad como hijos del Padre y como representantes de su paternidad en el mundo. Para que esto suceda, sus propios corazones deben someterse a la autoridad del Padre. Por eso, la sanación y la transformación personal de los que han sido ordenados no es opcional. Es esencial.

Como mencioné en el capítulo 4, una de las grandes alegrías de nuestro ministerio en el Centro de Sanación Juan Pablo II es caminar con seminaristas, diáconos, sacerdotes y obispos en su jornada personal de sanación y transformación. Estamos desempeñando un pequeño papel en el cumplimiento de la visión de san Juan Pablo II (que en última instancia es la propia visión de Jesús) para ayudarlos a crecer en su verdadera identidad. A medida que aprenden a convertirse en hijos amados, pueden convertirse en padres cada vez más fieles, trayendo esta restauración a sus hijos espirituales[4].

Recientemente tuve una conversación sobre estos temas de la autoridad y la sumisión con un sacerdote que he llegado a conocer y amar en los últimos años. Durante el tiempo que he conocido al padre Joseph[5], ha estado en una vía rápida de sanación, restaurando su identidad como un hijo amado y un padre fiel. Reconociendo que estaba particularmente herido en su relación con su padre terrenal, ahora ve cómo estas heridas han influido en su relación con su Padre celestial y han creado mucha confusión y desorden en su vida. Sus heridas han hecho que le resulte particularmente difícil someterse libremente al Padre ya las figuras de autoridad designadas. La falta de un vínculo saludable con su padre y el hecho de no sentirse amado por él al crecer ha hecho que sea más difícil para el padre Joseph a someterse a aquellos en autoridad en su familia espiritual. Estas cuestiones han creado un dilema particular en su vida como sacerdote, porque la santa sumisión es el llamado fundamental del sacerdocio, para ser hijos del Padre, como Jesús.

Como seminarista, el padre Joseph estaba obligado a someterse a los líderes de su seminario ya los que tenían autoridad sobre él en su orden religiosa. El día que recibió el sacramento del Orden Sagrado, se postró ante el altar como signo de su completa sumisión al Padre y como sacrificio vivo a Jesús. Más adelante en la ceremonia, se arrodilló ante su obispo, juntó sus manos y prometió verbalmente a este padre espiritual (y a sus sucesores) que sería un hijo fiel. No tengo ninguna duda de que hizo sus votos sagrados con toda sinceridad y con un corazón humilde, lo mejor que pudo.

Estos pasos de rendir su voluntad a la voluntad del Padre y someterse a la autoridad han sido fundamentales en su proceso de sanación. Se ha propuesto vivir estos votos con buen corazón. Y aquellos que tienen autoridad sobre él se han esforzado mucho en guiarlo para que sea el mejor sacerdote que pueda ser. Como todo buen sacerdote, el padre Joseph ama a Jesús y reconoce que su vida está crucificada y resucitada con Cristo. Jesús vive y se mueve a través de él, como lo hace a través de todos los sacerdotes, para convertir el pan y el vino en el cuerpo y la sangre de Cristo, para perdonar los pecados y para enseñar y predicar la verdad. Él hace todas estas funciones sobrenaturales como sacerdote, y muchas más. Y las hace con amor por sus hijos espirituales y por su Señor.

Pero aquí está el problema: aunque el padre Joseph ha crecido en su sumisión exterior a la autoridad, quedan lugares de sus actitudes que están encerrados en la rebelión adolescente contra su padre. Aunque se somete exteriormente a la autoridad, su corazón no se somete por completo, lo que a su vez le causa considerable ansiedad y confusión. En esos lugares inestables de su corazón, él realmente no confía en que el Padre o sus superiores tengan en mente sus mejores intereses. Está constantemente tratando de descubrir un nuevo ángulo para evitar tener que confiar. Esto resulta en mucha confusión interna ya que la confusión interfiere con su pensamiento claro.

Así es como el padre Joseph describe sus heridas que contribuyen a su confusión:

> Desde mi niñez creí erróneamente que yo no era el hijo amado y que nunca alcanzaría el éxito o sería lo

> suficientemente bueno. No creía que fuera amado. Me sentí abandonado y rechazada por mi padre, y esto a su vez exacerbó mi miedo y mi vergüenza. Más tarde me molestaba cualquier situación que se pareciera a estos sentimientos de abandono y de rechazo que experimenté durante mi niñez. Proyecté todo este dolor en mis figuras de autoridad, resintiéndome a la defensiva por ponerme expectativas que temía no poder cumplir. No confiaba en que tuvieran mi propio interés en mente. Estaba constantemente tentado a desafiar con ira y sabía que no podía hacer eso. Así que internamente descarté su autoridad y los juzgué, los rechacé y los condené como mis figuras de autoridad.

Lo anterior describe al padre Joseph antes de su intensa temporada de sanación. En los últimos años, el Espíritu Santo lo ha llevado a enfrentar estos problemas, primero en el confesionario y luego en la oración de sanación, para alinear su corazón con su obediencia externa. Con la ayuda de algunos directores espirituales, consejeros y ministros de oración de confianza, ha confrontado honestamente las formas en que se rebeló interna y externamente en su vida, particularmente con su padre y otras figuras de autoridad.

Al hacerlo, se ha enfrentado cara a cara con su dolor y su confusión, mientras desenmascara las mentiras de identidad que ha creído sobre sí mismo, primero como un hijo que crecía y ahora como un padre en el sacerdocio. A medida que estas mentiras son confrontadas por la verdad y el amor de Jesús, el padre Joseph está superando la confusión sobre su identidad y fortaleciéndose en su verdadera identidad como un hijo amado, sabiendo que está ungido por el Espíritu Santo y ordenado como un sacerdote de Jesucristo. En unión con Jesús, está aprendiendo a ser un hijo obediente y a revelar cada vez más el amor del Padre en su ministerio.

—~—

En medio de enfrentar sus heridas en relación con la autoridad, el Espíritu Santo le reveló al padre Joseph que Jesús también fue herido por figuras de autoridad terrenal (por ejemplo, Herodes y Poncio Pilato), pero no permitió que estas personas definieran su identidad. En cambio, Jesús siguió buscando su identidad del Padre y nunca cedió a la confusión o mentiras de identidad. Él confió en el Padre a través de estas pruebas.

Estas ideas han ayudado mucho al padre Joseph en su proceso de sanación. Está creciendo en confianza y aprendiendo a mantener un sentido claro de quién es él a los ojos del Padre, incluso cuando las cosas no salen como él espera que vayan con sus figuras de autoridad humana. Recientemente tuvo una situación con su autoridad directa, que en el pasado lo habría lastimado profundamente y provocado mucha confusión y rebelión oculta. Esta vez, lo manejó con gracia. Ahora ve que cuando permanece arraigado y cimentado en el Hijo, puede continuar confiando en el Padre y recibir su identidad de él, sin importar lo que hagan los demás. Él está enseñando estas mismas cosas a sus hijos espirituales. Por supuesto, este es un proceso de aprendizaje continuo para el padre Joseph, como lo es para todos nosotros.

Admiro al padre Joseph y a todos los ordenados que se dedican a vivir auténticamente como hijos amados y padres fieles. Como todos sabemos, hace una gran diferencia en su ministerio y, como resultado, en todas nuestras vidas. Todos los niños de la familia saben cuándo un padre es seguro y amoroso. Esto también es cierto en las familias espirituales. Con ese fin, recuerdo un momento en que me estaba preparando para hablar con un grupo de seminaristas, y una de nuestras intercesoras hizo esta petición: "Por favor, diles a esos seminaristas que se involucren completamente en su sanación y transformación ahora porque, cuando se conviertan en sacerdotes, necesitamos que sean buenos padres en quienes podamos confiar con nuestro corazón". Los seminaristas agradecieron las palabras de aliento de esta mujer.

Creo que la mayoría de nosotros estaría de acuerdo en que la transformación personal de cada sacerdote (y de cada ministro) es crucial para su ministerio. ¿Cómo puede el que llamamos "padre" revelar el amor y la autoridad del Padre a menos que haya aprendido a confiar personalmente en él? ¿Y cómo puede revelarse el corazón del Padre a menos que los ordenados vivan ellos mismos en una relación vital con el Padre, como hijos amados en santa sumisión a su sabia autoridad? La autoridad paterna y la entrega infantil dan como resultado el orden sagrado de Dios.

—w—

Formar la identidad de sacerdotes santos e integrales es la meta del Programa de Formación Sacerdotal. Establecido por la Conferencia de Obispos Católicos de los Estados Unidos, en comunión con los obispos de todo el mundo, este modelo para la formación afirma la importancia central de la integración personal del sacerdote en cuatro áreas de su vida: humana, espiritual, intelectual y pastoral, para que su la identidad puede configurarse plenamente con Cristo. "La vida de los sacerdotes en el Espíritu significa su continua transformación y conversión del corazón centrada en la integración o vinculación de su *identidad* . . . con su *ministerio*"[6].

¿Puedes ver por qué el sacerdote primero debe transformarse en la sanación, la identidad y la misión de Cristo para que pueda traer a otros a la unión con Cristo de la misma manera? Esta necesidad de santificación y transformación de la identidad de cada sacerdote es expresada con belleza poética por san Gregorio Nacianceno en este discurso a sus hermanos sacerdotes:

> Es preciso comenzar por purificarse antes de purificar a los otros; es preciso ser instruido para poder instruir; es preciso ser luz para iluminar, acercarse a Dios para acercarle a los demás, ser santificado para santificar . . . Sé de quien somos ministros, donde nos encontramos y a donde nos dirigimos. Conozco la altura de Dios y la flaqueza del hombre, pero también su fuerza. [Por lo tanto, ¿quién es el sacerdote? Es] el defensor de la verdad, se sitúa junto a los ángeles, glorifica con los arcángeles, hace subir sobre el altar de lo alto las víctimas de los sacrificios, comparte el sacerdocio de Cristo, restaura la criatura, restablece [en ella] la imagen [de Dios], la recrea para el mundo de lo alto, y, para decir lo más grande que hay en él, es divinizado y diviniza[7].

¿Estarías de acuerdo en que san Gregorio conocía su identidad como hijo del Padre y sacerdote de Jesucristo? También entendió el propósito del Orden Sagrado:

- compartir el sacerdocio de Cristo,
- remodelar la creación y restaurarla a la imagen de Dios,
- recrear este mundo para el reino de los cielos y
- divinizar a todos y todo en la tierra.

Vaya. No sé, pero esas pocas descripciones me dejan asombrado ante la majestad de Dios al confiar el ministerio de Cristo a los hombres mortales.

El Dios y Padre de toda la creación ha elegido a unos pocos entre nosotros para transformarnos a los demás en "un reino de sacerdotes" para adorarlo y servirlo por toda la eternidad (ver 1 Pe 2:9). Cuando todos nosotros en la familia de Dios en el cielo y en la tierra doblemos nuestras rodillas ante el Padre, sometiéndonos completamente a su autoridad, no habrá más confusión porque sabremos quiénes somos en Cristo, y todas las cosas serán puestas en su debido y santo orden (ver Ef 3:14; Rom 14:11).

Tomemos un momento ahora para aplicar todo esto a cada uno de nosotros personalmente.

Tómate un momento

1. ¿Cuál es la diferencia entre el sacerdocio ordenado y el sacerdocio de todos los creyentes bautizados? ¿Cuál es el papel de cada uno?
2. ¿Por qué es esencial la sumisión a la autoridad para restaurar el orden sagrado de Dios en la Iglesia, en la familia y en toda la sociedad?
3. ¿Por qué crees que los ordenados primero necesitan sanar su identidad como hijos amados antes de convertirse en padres fieles? ¿Cómo ilustran la historia y la sanación del padre Joseph este proceso de transformación?

Meditación en las Escrituras

El siguiente pasaje de Juan 17 a menudo se conoce como la oración sumo sacerdotal de Jesús. En él ora por los que ha ordenado para ejercer su ministerio (el sacerdocio ministerial) y luego por todos los creyentes (el sacerdocio común). Te animo a reflexionar sobre este pasaje en oración, pidiéndole al Espíritu Santo que te revele lo que desea que recibas. Para mayor beneficio, te sugiero que leas esto tres veces lentamente y reflexiona sobre ello deliberadamente.

1. Cuando lo leas por primera vez, pon atención a cómo la relación de Jesús con el Padre influye en su relación con aquellos a quienes consagra para llevar a cabo su obra de redención.
2. En la segunda vez, lee aún más despacio y concéntrate en cómo la unidad, la autoridad y la consagración en la verdad son mutuamente interdependientes. Describe por qué la unidad y la consagración dependen de una autoridad clara.
3. Luego, por tercera vez, léelo muy lentamente, pidiéndole al Espíritu Santo que hable lo que desea que tú recibas personalmente de este pasaje y luego anótalo en tu diario.

La oración sumo sacerdotal de Jesús

"Jesús elevó los ojos al cielo y exclamó: 'Padre, ha llegado la hora; ¡glorifica a tu Hijo para que tu Hijo te dé gloria a ti! Tú le diste poder sobre todos los mortales y quieres que comunique la vida eterna a todos aquellos que le encomendaste . . .

[Oración por los apóstoles] "'Conságralos mediante la verdad: tu palabra es verdad. Así como tú me has enviado al mundo, así yo también los envío al mundo; por ellos ofrezco el sacrificio, para que también ellos sean consagrados en la verdad.

[Oración por todos los creyentes] "'No ruego sólo por éstos, sino también por todos aquellos que creerán en mí por su palabra. Que todos sean uno, como tú, Padre, estás en mí y yo en ti. Que ellos también sean uno en nosotros, para que el mundo crea que tú me has enviado. Yo les he dado la Gloria que tú me diste, para que sean uno como nosotros somos uno: yo en ellos y tú en mí. Así alcanzarán la perfección en la unidad, y el mundo conocerá que tú me has enviado y que yo los he amado a ellos como tú me amas a mí. Padre, ya que me los has dado, quiero que estén conmigo donde yo estoy y que contemplen la Gloria que tú ya me das'" (Jn 17,1–2. 17–19. 20–24).

Oremos

La siguiente oración aborda cuestiones de autoridad y nuestra adecuada sumisión a todo lo que Dios ha ordenado para nuestro bien. Esta oración abarca muchos tipos distintos de oración, que incluyen alabanza, acción de gracias, arrepentimiento, perdón, sanación, renuncia y rendición.

Oración sobre las relaciones con la autoridad

Padre celestial, alabo tu grandeza, reconociendo que toda autoridad en el cielo y en la tierra te pertenece. Gracias por compartir tu autoridad con Jesús y con aquellos a quienes él encomendó perpetuar su ministerio en la Iglesia, para que podamos conocerte y vivir de acuerdo con tu plan y tu propósito.

Lamento las formas en que me rebelé o desprecié tu autoridad directa, incluidas aquellas que has designado para guiarme, enseñarme y protegerme. Por favor, perdóname por mi arrogancia e insolencia en cualquier forma en que haya pensado o actuado como si supiera más que la autoridad que designaste. Por favor, ayúdame a crecer continuamente en la sumisión a tu voluntad a medida que tu Espíritu Santo me guíe.

Perdono a todos aquellos en autoridad que te han confundido de alguna manera (menciona a los específicos aquí), y te pido que me sanes de las heridas de la confusión y de la desconfianza que han sido causadas por esa confusión. Padre, por favor bendice a aquellos en autoridad que han distorsionado tu imagen ante mis ojos, y enséñales cómo ser verdaderos hijos y padres en comunión con Jesús (ora específicamente por cada uno, oraciones para bendecirlos donde te han lastimado).

Padre, solo tú sabes quién soy, mi dignidad y mi vocación. Renuncio a cualquier autoridad mal dirigida que le haya dado a cualquier otra persona para que me diga quién soy, cuál es mi valor o cuál es mi vocación.

Ahora pongo esa confianza y autoridad en ti, Padre, y te pido que hables a través de tu autoridad designada en mi vida para bendecir y afirmar mi identidad y mi llamado. Gracias.

Ahora me entrego a ti y a la autoridad que has designado. Con tu ayuda, prometo continuar sometiéndome a ti y a tu autoridad designada para poder vivir de acuerdo con tu santa voluntad. Ruego todo esto en el nombre y la santa autoridad del Padre, del Hijo y del Espíritu Santo. Amén.

7

EL AMOR FIEL DE DIOS

Cómo el santo Matrimonio sana las heridas del miedo

Lo que Dios ha unido, no lo separe el hombre.

Mateo 19:6

A pesar del hecho bien conocido de que el matrimonio está mal visto en la sociedad moderna (como lo demuestran las altas tasas de divorcio y las tendencias recientes en la cohabitación y el sexo prematrimonial), Dios quiso que el sacramento del Matrimonio fuera la fuente de amor y vida en cada familia y el fundamento de la seguridad de toda persona humana. Como ha dicho con tanta elocuencia san Juan Pablo II, la familia es el centro y el corazón de la civilización del amor y la primera escuela del amor[1]. El corazón y el bienestar general de todo niño se forman en esta escuela de amor entre sus hijos y sus padres. Cuando los lazos de amor son seguros, tanto los niños como los adultos experimentan una sensación generalizada de paz y alegría, que les permite prosperar y desarrollarse al máximo de su potencial. Teniendo su identidad arraigada y cimentada en el amor fiel de Dios (ver Ef 3:16), estos lazos de amor seguros permiten a todos los miembros de la familia experimentar paz, libertad y una intimidad vigorizante[2].

Lo contrario también es cierto. La ausencia del amor fiel de Dios en el matrimonio y la vida familiar hace que todos se sientan inseguros. Los hijos y los cónyuges son entonces instruidos en el camino del miedo y, finalmente, forman lo que los investigadores llaman "vínculos de miedo"[3]. Estos vínculos falsos formados en ausencia de amor se fortalecen con juicios orgullosos y autoprotecciones restrictivas. En este tipo de entorno, es difícil para las parejas casadas y los niños encontrar una conexión genuina o desarrollar una confianza mutua duradera. Estas heridas del miedo instintivamente motivan a todos los miembros de la familia a permanecer aislados para evitar más dolor, creando así ambientes plagados de desconfianza, lo que a su vez aumenta el miedo y la desconfianza.

Este problema se remonta a la caída de la humanidad, cuando Adán y Eva rompieron su alianza con Dios y posteriormente invitaron semillas de división, desconfianza e infidelidad a todas las relaciones humanas (ver Gn 3). Desde entonces, toda relación que no está formada y sostenida por el Espíritu de Dios eventualmente se vuelve infiel en un grado u otro. Esto es más dañino en el matrimonio porque Dios tenía la intención de que la alianza matrimonial fuera el lugar donde su amor fiel estaría en exhibición para que todos lo vieran y lo experimentaran.

Los rostros de la infidelidad son muchos. El divorcio y el adulterio representan grandes rupturas en la fidelidad conyugal, pero no son las únicas. Menospreciar al cónyuge o a los miembros de la familia con palabras o acciones es una forma de infidelidad. Retener el amor es infidelidad. Juzgarse unos a otros es infidelidad. Mirar pornografía es infidelidad. Guardar rencores y no perdonar es infidelidad. Chismear sobre nuestro cónyuge con amigos y parientes es infidelidad. Ninguna de estas infidelidades, por pequeñas o grandes que sean, permite que el amor de Jesús impregne la relación matrimonial. En cambio, sirven para propagar el miedo y la desconfianza, penetrando a través de la familia como un cáncer mortal.

A medida que los cónyuges y los hijos internalizan estas interacciones hirientes, una sensación generalizada de inseguridad se asienta en cada una de sus almas, dejando heridas que podrían durar toda la vida si no se sanan. Además, cuando los lazos de amor entre un esposo y una esposa se rompen por completo, sus propios corazones y los corazones de sus hijos también se rompen violentamente en el proceso (ver Mal 2:16). En momentos como este, cuando el vínculo del amor se rompe, el miedo y la desconfianza se convierten a menudo en defensas en el corazón de cada uno.

Una de las consecuencias más graves de las relaciones rotas es que los miembros individuales de la familia interiorizan una percepción distorsionada de Dios, de sí mismos y de todas las relaciones humanas. Como resultado, pierden el contacto con su verdadera identidad.

Eventualmente, el matrimonio se devalúa y las relaciones se vuelven transitorias. En estas condiciones, el amor seguro que Dios pretendía para cada ser humano parece inalcanzable y, por lo tanto, somos testigos de los patrones destructivos de las relaciones que proliferan en nuestra cultura.

Estas realidades de relaciones rotas y de confianza rota me llegaron a casa hace muchos años cuando estaba enseñando una clase de matrimonio en un colegio comunitario local. Fue difícil enseñar estas ideas sobre el sacramento del Matrimonio en un ambiente secular donde Dios no podía ser mencionado y muchos de los estudiantes no tenían la experiencia de un matrimonio saludable o una familia estable. Entonces invité a los estudiantes a buscar la verdad por sí mismos y presentar lo que descubrieron en los debates de clase. Todos en la clase debían investigar un tema y registrarse para un debate. Esta clase en particular se destaca en mi memoria porque involucró un debate sobre el matrimonio y la cohabitación. Un joven se inscribió para presentar el caso de matrimonio y una joven presentó el caso de cohabitación.

Durante el debate, se presentaron muchas ideas de un lado a otro con una intensidad creciente, pero las palabras finales de la joven siguen grabadas en mi memoria. Sintiendo que estaba perdiendo el debate por la debilidad de sus argumentos, espetó exasperada: "No me importa lo que digas. Nunca me casaré y haré que mis hijos pasen por lo que experimenté al ver a mis padres divorciarse tres veces". Los otros estudiantes se quedaron sin aliento, al darse cuenta de que ya no se trataba de un debate sobre ideales, sino de la revelación del corazón roto de esta joven.

Al identificarme con su dolor, yo también vi que su resolución no era en realidad ninguna solución sino una elección inconsciente que hizo a partir de sus profundas heridas del miedo y de la desconfianza[4]. Ella pensó que podía proteger su corazón para que no se rompiera nuevamente y al mismo tiempo salvar a sus hijos del mismo destino que experimentó al crecer en un hogar roto. Pero en realidad, se estaba aislando trágicamente de su dolor y asegurándose de que se transmitiría a sus hijos, formando inevitablemente sus identidades como un espejo de su propio quebrantamiento. Criar hijos y nunca casarse solo reforzaría la probabilidad de que sus hijos se vuelvan temerosos e inseguros y tengan dificultades para hacer compromisos, recorriendo el mismo camino forjado por sus padres y quizás las generaciones anteriores.

Después de la clase me acerqué a la joven para expresarle mi compasión por ella, haciéndole saber que entendía un poco del dolor de su corazón roto por mi propia experiencia. Pero cuando traté de ayudarla a ver el peligro de su temerosa resolución de no casarse y cómo eso podría herirla aún más a ella y a sus hijos, no pudo ver claramente lo que los otros estudiantes veían. El miedo y la desconfianza, y sus estrategias de autoprotección, le impidieron escuchar la insensatez de su resolución.

Esta experiencia y muchas otras me han permitido tener aún más compasión por los millones de personas que eligen no confiar en la voluntad de Dios en sus relaciones íntimas. Muchos están sufriendo de manera similar a esta joven. Quizás hayas escuchado el dicho "Las personas heridas [si no se sanan] hieren a otras personas". Esta es una realidad aleccionadora. Las heridas del miedo y la desconfianza engendran aún más miedo y desconfianza, a menos que el amor de Dios intervenga en alguna parte del proceso para restaurar la seguridad y la fidelidad.

Sigo manteniendo la esperanza en esta joven y en muchas otras como ella porque sé por experiencia personal que Jesús es capaz de romper estas fortalezas. Cuando estoy tentado a la impaciencia con los demás, el Padre me recuerda suavemente que me está tomando toda la vida permitirle trabajar en mi vida y a través de ella para restaurar mi confianza y mi capacidad de amar.

Me tomó un tiempo darme cuenta de cuánto me parecía a la joven de mi clase. Sabía que me identificaba con su dolor, pero no era consciente de lo mucho que mi autoprotección y autosuficiencia se parecían a las de ella. Como ella, hice "votos" internos para proteger mi corazón cuando tenía catorce años, después de que mis padres se divorciaran. Resolvió no casarse nunca más para que ella y sus hijos no volvieran a pasar por ese dolor. Inconscientemente juré que nunca me divorciaría, por las mismas razones. Aunque mis "votos" parecían directamente opuestos a los de ella, cada uno de nosotros reaccionó con heridas del miedo y de la desconfianza. Engañados por el padre de toda mentira, ambos creíamos que nuestros "votos" (resoluciones internas hechas por miedo) eran buenos para nosotros y para las personas que eventualmente amaríamos y esperamos proteger de ser lastimadas como lo habíamos sido.

En mi mente engañada, mi temerosa resolución de "nunca divorciarme como mis padres" parecía similar a mis votos matrimoniales, pero en realidad provenían de un espíritu completamente antitético. Profesé mis votos matrimoniales públicamente a través del poder del Espíritu Santo. Mis temerosos votos internos permanecieron tácitos y ocultos en la oscuridad. Mi corazón resolvió internamente algo así: "Nunca seré como mi papá y me divorciaré de mi esposa y lastimaré a mis hijos". Me tomó muchos años darme cuenta de que esta resolución impía se originó a partir de mis heridas del miedo y los juicios que formé para protegerme de esas heridas. Esta no fue la inspiración del Espíritu Santo.

Más tarde, cuando me casé con mi esposa, Margie, abracé el sacramento del Matrimonio y le expresé mis votos sagrados con la plena intención de amarla de por vida. Pero debajo de la superficie, mis votos motivados por el miedo estaban ocultos en la oscuridad y más tarde casi destruirían nuestro matrimonio. Me di cuenta de esto cuando cumplí treinta y tres años (la edad que tenían mis padres cuando se separaron). Me encontré cerrado emocionalmente, "no enamorado" y aterrorizado de que nuestro matrimonio terminara en divorcio, al igual que el de mis padres. Estaba viviendo mi peor pesadilla, aterrorizado de lastimar a mi esposa e hijos de la forma en que mis padres me lastimaron a mí.

Sigo profundamente agradecido por la intervención de Dios durante el año más difícil de mi vida (y de nuestra vida juntos). Al salvar nuestro matrimonio, también nos preservó a cada uno de nosotros de la devastación de continuar el ciclo de corazones y relaciones rotos[5]. Durante ese año, el Espíritu Santo comenzó a mostrarme que, como Adán y Eva después de la caída, yo estaba proyectando mi miedo en Margie y culpándola por las formas en que no estaba realizado. También reveló las heridas abiertas del miedo y de la desconfianza que estaban enterradas debajo de mis juicios y votos temerosos.

Mirando hacia atrás, ahora aprecio cómo las gracias del sacramento del Matrimonio nos mantuvieron unidos durante ese tiempo difícil. Cuando nos hablamos por primera vez de nuestros votos el día de nuestra boda, invocamos el poder del Espíritu Santo en la presencia de la Iglesia y de todos nuestros amigos y familiares. Nos prometimos "amarnos, honrarnos y cuidarnos" solemnemente, "en las buenas y en las malas, en la salud y en la enfermedad, en la riqueza o en la pobreza, hasta que la muerte nos separe".

Mientras hablábamos de esos votos sagrados, nos prometimos solemnemente que sin importar lo que la otra persona hiciera o dejara de hacer, permaneceríamos fieles a Dios. Posteriormente sellamos y consumamos estos votos sagrados esa noche cuando nos entregamos íntimamente—cuerpo, alma y espíritu—convirtiéndonos en "una sola carne" (ver *CIC*, 1643). Este no fue un contrato casual; fue una alianza de por vida que elegimos celebrar libremente. Entendimos que estos votos eran indisolubles. Como tales, exhortaban a la entrega total de nosotros mismos: "Esta íntima unión, en cuanto donación mutua de dos personas, así como el bien de los hijos exigen la fidelidad de los cónyuges y urgen su indisoluble unidad" (*CIC*, 1646).

A lo largo de estos cuarenta años de nuestro matrimonio, Margie y yo hemos experimentado muchos altibajos, lo que refleja las vicisitudes de la vida que anticipamos en nuestros votos matrimoniales. Ciertamente hemos pasado por buenos y malos momentos; hemos experimentado tanto la enfermedad como la salud; hemos sido pobres y hemos tenido abundancia. También hemos probado la inseguridad de pensar que nuestro matrimonio no duraría tanto como la seguridad (para nosotros y nuestros hijos) de saber que nuestro matrimonio es una alianza sagrada que durará hasta la muerte.

De todas estas variadas experiencias, hemos descubierto un poco más sobre el amor fiel de Dios hacia nosotros en todos los momentos temerosos y infieles de nuestras vidas. Incluso cuando somos infieles, él ha prometido permanecer fiel (ver 2 Tm 2:13). Esto, creo, es una forma principal de sanar nuestras heridas del miedo y de la desconfianza. Su amor perfecto echa fuera todo temor (ver 1 Jn 4:18), permitiéndonos darnos más libre y plenamente a través del Espíritu Santo obrando a través de nuestro sacramento.

¿Puedes ver cuán drásticamente difiere el sacramento del Matrimonio de la miríada de modos de formar y romper relaciones en el mundo? Solo el sacramento, vivido en el poder del Espíritu Santo, puede sanar nuestras heridas del miedo. Todas las demás relaciones sexuales mundanas no son más que infidelidades disfrazadas, que a la larga solo sirven para exacerbar nuestras heridas del miedo y de la desconfianza. La infidelidad nunca puede sanar el miedo. Solo la fidelidad puede hacer eso. Hagamos una pausa aquí por un momento y reflexionemos sobre todo lo que se ha hablado.

Tómate un momento

1. ¿Cómo sana el sacramento del Matrimonio las heridas del miedo? ¿Por qué crees que las relaciones desordenadas eventualmente crean solo más lazos de miedo?
2. ¿Cuándo has experimentado un corazón roto a través de una relación rota? ¿Puedes identificar algún juicio o juramento temeroso que hayas hecho para proteger tu corazón de más dolor?
3. Describe cómo los votos matrimoniales difieren de esos votos temerosos.

Después de superar nuestra crisis matrimonial y ver cómo mi ceguera espiritual y mis actitudes egoístas casi habían destruido nuestro matrimonio, desarrollé un hambre mayor por la perspectiva de Dios sobre el amor y las relaciones. Al leer las Escrituras y estudiar las enseñanzas de la Iglesia, mi deseo de vivir la voluntad de Dios en nuestro matrimonio se fortaleció aún más. Pero pronto descubrí cuán desafiante podría ser esto. Un versículo de Efesios me pareció particularmente desafiante: "Maridos, amen a sus esposas como Cristo amó a la Iglesia y se entregó a sí mismo por ella" (Ef 5:25). Mientras leía este versículo, volví a experimentar miedo e impotencia y me pregunté a mí mismo y a Dios: "¿Cómo puedo amar a Margie con el amor de Cristo? ¿Y qué pasará con mis necesidades si doy mi vida por ella?".

Estas son todavía preguntas en curso en mi vida, pero me doy cuenta cada vez más de que el amor de Jesús que se entrega a sí mismo no se opone a nuestra felicidad y realización personal, sino que en realidad es el verdadero camino para alcanzarla. En el mismo pasaje de Efesios, san Pablo añade: "Amar a la esposa es amarse a sí mismo" (Ef 5:28). Me estoy dando cuenta lentamente (a veces muy lentamente) de la verdad de estas palabras, que cuando amo a Margie, en realidad estoy asegurando no solo mi propia realización sino también la de ella y la de nuestros hijos (y la de nuestros nietos) porque estamos permitiendo que la presencia de Dios sane nuestras heridas. y restaurar nuestra confianza. Solo la confianza genuina, a su vez, puede traer mayor unidad e intimidad en nuestra vida matrimonial y familiar. Este tipo de amor abnegado es la única forma en que la fidelidad y la confianza genuinas pueden crecer y durar.

A lo largo de los años, estas ideas de las Escrituras y las enseñanzas de la Iglesia sobre el sacramento del Matrimonio han sido una fuente de inspiración e instrucción para mí como esposo, padre y abuelo. Además, han sido una fuente invaluable de sabiduría durante esos años cuando serví como terapeuta matrimonial y familiar e impartí cursos sobre el matrimonio y la sexualidad. Hoy en día, estas ideas forman la enseñanza central de nuestras conferencias de matrimonio *Unveiled* [Descubierto] en el Centro de Sanación Juan Pablo II.

En la primera noche de esta conferencia, demostramos una visión de cómo era el matrimonio antes de que el pecado original introdujera la división y la inseguridad. Invitamos a tres personas a representar a la Trinidad, el Padre, el Hijo y el Espíritu Santo. Luego, una pareja casada se ofrece como voluntaria para representar a Adán y Eva. Los representamos rodeados por el amor de la Trinidad para mostrar cómo Dios pretendía que fuera la relación matrimonial antes de que el pecado la estropeara. Luego mostramos cómo el miedo y la desconfianza entran en el matrimonio cuando la pareja se separa de Dios. Más tarde en la noche, mostramos a través de una recreación de la ceremonia de la boda cómo el sacramento del Matrimonio restaura esta intimidad divina en el matrimonio.

El segundo día, presentamos las habilidades de comunicación que son necesarias para construir la unidad y la intimidad en el matrimonio, y las cinco áreas de comunión que son esenciales para construir la confianza (y superar el miedo). Estas cinco áreas se enumeran en la siguiente tabla: unidad espiritual, intimidad emocional, compañerismo, trabajo en equipo e intimidad sexual. Observa en la tabla cómo cada una de las cinco áreas de comunión tiene actividades de comunicación correspondientes que son fundamentales para desarrollar la unidad[6].

Las áreas de communion	**Los medios de comunicación**
La unidad spiritual	Orar y render culto
La intimidad emocional	Escuchar y expresarse
El compañerismo	Trabajar y recrear
El trabajo en equipo	Sumisión y tomar decisiones
La intimidad sexual	Ser cariñoso y hacer el amor

Estas cinco áreas de comunión en el matrimonio se construyen naturalmente unas sobre otras, como los pisos de una casa de cinco pisos. Toda casa debe tener un cimiento firme. En el sacramento del Matrimonio, Jesús es ese fundamento sólido como una roca (ver Mt 7,24–27). Él es el amor fiel de Dios y la fuente de la verdadera unidad espiritual. Casarse por la Iglesia es el primer paso para cultivar este fundamento, pero ciertamente no es suficiente. Debemos aprender a vivir diariamente el sacramento del Matrimonio. Esto requiere una participación continua en todos los sacramentos, junto con la Palabra de Dios y la oración. Juntos, estos nos llevan a un amor más profundo por Dios y por los demás. Como dice el viejo refrán: "La familia que ora unida permanece unida", porque la oración es una invitación continua para que Dios sea el vínculo que mantiene unido al matrimonio. Además, la adoración nos integra y pone en orden todo lo demás en nuestra vida (ver *CIC*, 2114).

Con esta base sólida de comunión espiritual, es mucho más probable que las parejas se abran y compartan sus pensamientos, sentimientos y deseos. Este compartir a su vez les permite cultivar la intimidad emocional. Algunos se han referido a la intimidad emocional como "ver dentro de mí". La palabra intimidad significa literalmente "tener miedo" y requiere dejar de lado nuestras autoprotecciones, quitarnos las máscaras y crear un entorno seguro para que se produzcan conversaciones reales. Cuando fallamos en este sentido y nos lastimamos unos a otros, como hacemos todos, la confianza se puede reparar al disculparnos humildemente y perdonarnos unos a otros.

Cuando las parejas están unidas emocional y espiritualmente de esta manera, y no han permitido que se acumulen resentimientos entre ellos, naturalmente desean el compañerismo. Disfrutan pasar tiempo juntos, ya sea trabajando, jugando o simplemente relajándose juntos al final del día. A la hora de planificar o tomar decisiones, son capaces de desarrollar el trabajo en equipo. En lugar de tratar de controlarse o manipularse unos a otros para obtener lo que egoístamente quieren, pueden considerar los intereses de la otra persona (ver Fil 2:4). El trabajo en equipo requiere que aprendan a expresar "su respeto a Cristo siendo sumisos los unos a los otros" (Ef 5:21). La sumisión mutua es la única forma segura de construir una unidad duradera en el matrimonio y de fomentar el tipo de comunión que impregna a toda la familia y crea un entorno seguro para todos.

Cuando estas cuatro áreas de comunión y comunicación saludable están presentes en el matrimonio, la confianza y la fidelidad reemplazan al miedo y la infidelidad. Desde esta base de unidad, las parejas naturalmente desean expresar su amor mutuo totalmente—cuerpo, alma y espíritu—en la intimidad sexual. A lo largo de los años como consejero de parejas casadas y líder de conferencias sobre el matrimonio, así como en mi propio matrimonio, he notado que la intimidad sexual prospera en un ambiente de confianza, donde las parejas son fieles y seguras, espiritualmente unidas, emocionalmente íntimas, disfrutando el tiempo juntos fuera del dormitorio y dispuestos a trabajar juntos como equipo para resolver problemas y tomar decisiones. Cuando estas condiciones están presentes, hacer el amor se convierte en una expresión hermosa y profundamente satisfactoria de su comunión en el Espíritu Santo entre ellos.

Lo contrario también es cierto. Las parejas casadas que no han establecido la confianza y la unidad en las primeras cuatro áreas de la intimidad a menudo pierden interés en la intimidad sexual o encuentran que es una fuente de gran conflicto o decepción en su relación. Como respuesta, pueden entregarse solo parcialmente el uno al otro, ofreciendo su cuerpo pero reteniendo su corazón y alma. Necesitan sanar primero las otras áreas de comunión antes de poder ofrecerse libre y plenamente.

Las parejas que cultivan estas cinco áreas de comunión son benditamente felices porque permanecen en comunión con Dios, quien es eterna bienaventuranza. El amor íntimo y fiel de Dios sana las heridas del miedo que pueden haberse acumulado durante años de dolor en la familia de origen o en las relaciones de noviazgo antes del matrimonio. Incluso cuando la confianza se ha dañado en los primeros años del matrimonio, los lazos de miedo pueden transformarse en lazos de amor al invitar a Jesús al matrimonio ya aquellas áreas en las que hemos sido heridos en el pasado.

Matrimonios santos como este se convierten en una luz para el mundo. Cuando los esposos y las esposas se sirven humilde y desinteresadamente y buscan la voluntad de Dios en sus vidas, se convierten en un testimonio convincente para otras parejas casadas. Este testimonio se derrama sobre los que aún no están casados, incluidos sus hijos, amigos, parientes y el mundo. El mundo está hambriento de este tipo de amor perfecto, que "echa fuera el temor" (1 Jn 4:18). Por supuesto, solo el amor de Dios es perfecto, pero se supone que el matrimonio es el testimonio vivo de su amor para que todos lo vean. Para ello todos necesitamos ser transformados continuamente para que nuestro amor se convierta en un fiel reflejo del amor de Cristo. Este es el verdadero significado del matrimonio como sacramento. Arraigado en Cristo y lleno de su amor fiel e íntimo, crea una atmósfera de familia amorosa en el hogar donde todos los miembros pueden crecer en su verdadera identidad y participar en su misión de traer a todas las personas de vuelta a su abrazo amoroso.

A lo largo de los años, he tenido el privilegio de observar cómo muchas parejas se transforman en sus relaciones maritales a medida que aprenden el verdadero significado del sacramento y hacen el trabajo, a veces difícil, de ponerlo en práctica a través de las cinco áreas de la comunión. Una de las transformaciones en curso más notables es la de una pareja de nuestro equipo ministerial, John y Krista. Hace unos años, valientemente compartieron su historia en una de nuestras conferencias de matrimonio *Unveiled.* Muchas de las parejas que asistieron se sintieron conmovidas por su honestidad y su vulnerabilidad. Recientemente me dieron permiso para compartir su historia en este libro. Su testimonio es una ilustración inspiradora de cómo la comunión puede crecer con el tiempo cuando volvemos nuestros corazones hacia Dios con confianza.

Cuando conocí a John y Krista, ambos sufrían tremendamente. Como resultado de sus propias heridas individuales y autoprotección, su matrimonio carecía de las cinco áreas de comunión. Ninguna de las cinco estuvo presente en un grado significativo, ya que tenían una enorme desconfianza después de luchar con muchas formas de infidelidad al principio de su matrimonio. Por diferentes razones, los hogares de su niñez carecían de un amor seguro, por lo que ninguno de los dos aportó al matrimonio la capacidad de un amor genuino. Ambos iniciaron su relación con capas de miedo oculto y desconfianza. Aunque ambos crecieron en hogares culturalmente "cristianos", ninguno de ellos conocía a Jesús de una manera que marcara una diferencia en la forma en que interactuaban a diario. Tampoco tenían buenos ejemplos de cómo podría ser un buen matrimonio, arraigado y cimentado en el amor de Cristo. Los matrimonios de ambos padres habían estado en conflicto continuamente, y los padres de Krista finalmente se divorciaron. No hace falta decir que sus experiencias de la niñez y el matrimonio temprano no proporcionaron una buena base de confianza para un matrimonio bendecido.

Después de una tumultuosa relación de noviazgo, John y Krista decidieron casarse después de quedar embarazada de su hija. Aunque se casaron en una iglesia, no tenían ningún concepto del matrimonio como sacramento, excepto por los deseos escritos en cada uno de sus corazones de ser amados y apreciados durante toda la vida. La infidelidad y la desconfianza se convirtieron en impedimentos constantes para estos deseos, hasta que ambos finalmente se dieron por vencidos y se divorciaron después de unos años de despedazarse mutuamente por sus interminables conflictos, acusaciones y retraimientos emocionales.

Por mucho que lamentaran el dolor que le causaron a su hija y entre ellos, Dios obró en este momento difícil de separación. Tres meses después de divorciarse, se volvieron a casar en el juzgado. Pero en menos de un año, las cosas comenzaron a desmoronarse nuevamente porque ninguno de los dos había enfrentado sus heridas subyacentes y las mentiras de identidad o las razones de los fracasos anteriores. Ambos carecían de una base sólida de confianza y una capacidad genuina de amarse el uno al otro con fidelidad y plenitud.

Pero esta vez, en lugar de rendirse nuevamente, cada uno comenzó a buscar el amor genuino y encontró lo que había estado buscando durante toda su vida en la persona de Jesús. Una vez que realmente lo encontraron y le entregaron sus vidas, ambos descubrieron una renovada sensación de esperanza. Desafortunadamente, la luna de miel duró poco tiempo. Los lazos del miedo continuaron impidiéndoles hacer mucho progreso en la construcción de la comunión en su matrimonio. Aunque su fe les impidió volver a divorciarse, ambos estaban profundamente heridos y respondían el uno al otro por autoprotección y desconfianza mutua.

Las cosas finalmente comenzaron a cambiar en su dinámica matrimonial cuando ambos se dedicaron seriamente a buscar la sanación de sus muchas heridas que se habían acumulado durante años de niñez, noviazgo y matrimonio. Este proceso desafiante pero gratificante preparó sus corazones para algunas transformaciones importantes. Primero, Jesús se reunió con ellos de manera muy tierna en las áreas de su infancia herida. Luego, durante una clase sobre el matrimonio cristiano, se ofrecieron como voluntarios para decir sus votos como parte de una demostración frente al resto de la clase. Al comienzo de la demostración, ambos estaban bromeando, sin tomárselo en serio, pero tan pronto como comenzaron a representar la ceremonia de la boda, el Espíritu Santo rápidamente convirtió la ocasión en un momento poderoso de vulnerabilidad y sanación relacional.

Mirándose intensamente a los ojos, primero John y luego Krista lenta e intencionalmente se dijeron sus votos. Mientras lo hacían, las lágrimas brotaron de cada uno de sus ojos y pudieron ver y sentir que Jesús era el vínculo de amor que mantenía unido su matrimonio. Comprendieron profundamente por primera vez que habían entrado en un pacto sagrado y no en un contrato. En ese momento, Jesús verdaderamente se convirtió en el centro de su matrimonio. La conciencia de su presencia en su matrimonio lo cambió todo. Comenzaron a confiar en Dios y en la otra persona con una nueva confianza, creyendo finalmente que se dedicarían a amarse fielmente el uno al otro por el resto de sus vidas. Dos semanas después de renovar sus votos, Dios les dio otro regalo increíble. Después de once años de luchar contra la infertilidad secundaria, quedaron embarazados de su segundo hijo, esta vez un niño pequeño.

A medida que su amor ha madurado en los años siguientes, sus miedos y sus peleas han disminuido significativamente. Están creciendo en las cinco áreas de la comunión marital, y su matrimonio se ha vuelto fructífero en formas que no podrían haber imaginado. Poco después del nacimiento de su hijo, se convirtieron en padres adoptivos. Hasta la fecha, han invitado a más de cincuenta niños a su familia y han compartido el amor sanador de Jesús con ellos y con los padres heridos de los niños siempre que ha sido posible. Recientemente, John y Krista adoptaron a cinco de estos niños adoptivos y ahora tienen una hermosa familia de siete niños cuyas edades van desde un año hasta veintidós años. Hoy, Jesús brilla a través de su sacramento. Muchos son bendecidos por su amor, entre ellos estos preciosos niños que han encontrado un hogar seguro donde pueden llegar a conocer el amor fiel de Dios. Las cosas no son perfectas. Pero con su amor fiel y seguro como la base de su matrimonio, ahora pueden negociar incluso los tiempos difíciles con mucha más gracia.

¿No es esto lo que todos deseamos, amar y ser amados con fidelidad y seguridad, basados en una comunión sincera con Dios y con los demás? Solo un amor como este puede sanar nuestras heridas de miedo y desconfianza que nos aquejan a todos (de este lado del Edén) de una forma u otra. Detengámonos aquí y reflexionemos sobre todo lo que hemos hablado, y luego entremos más personalmente a través de la oración y el siguiente pasaje bíblico.

Tómate un momento

1. Si estás casado, evalúa las cinco áreas de comunión en tu relación. Si no estás casado, evalúa estas cinco áreas en el matrimonio de tus padres y la vida hogareña mientras crecías.

2. ¿Cómo construye el sacramento del Matrimonio lazos de confianza y de unidad? ¿Cómo sana esto las heridas del miedo y de la desconfianza? ¿Cómo se ilustró esto en la historia de John y Krista? Sé específico.

—∞—

Meditación en las Escrituras

El siguiente pasaje de 1 Corintios 13 es uno que muchas parejas eligen para su boda para expresar el amor que desean encarnar en su matrimonio. Se aplica a todas las buenas relaciones. Te animo a reflexionar sobre este pasaje, pidiéndole al Espíritu Santo que se revele.

1. Cuando lo leas por primera vez, te animo a que pongas "yo" cada vez que aparezca la palabra "amor" en el texto. Por ejemplo, en lugar de "El amor es paciente y muestra comprensión. El amor no tiene celos", di: "Yo soy paciente y muestro comprensión. Yo no tengo celos". Dilo en voz alta. Toma nota de dónde suenan verdaderas las palabras y dónde parecen vacías o menos verdaderas.
2. La segunda vez, en lugar de tu nombre, coloca el nombre de Jesús en el lugar de "amor". "Jesús es paciente y muestra comprensión . . . Jesús no se deja llevar por la ira y olvida lo malo". Pregúntate si eso te parece cierto. Luego examina la brecha entre ti y Jesús. No te permitas desanimarte cuando te quedes corto ni te enorgullezcas cuando ames bien.
3. Al leerlo por tercera vez, colócate a ti mismo y a Jesús en el pasaje como uno: "El Jesús dentro de mí es paciente y muestra comprensión" y así sucesivamente. Este tercer tiempo te ayudará a ver la realidad de vivir en tu verdadera identidad en Cristo como su sacramento de amor. Este tipo de amor es fiel y nos ayuda a construir una comunión profunda y duradera, que a su vez nos permite sentirnos profundamente seguros.

El amor fiel

“El amor es paciente y muestra comprensión. El amor no tiene celos, no aparenta ni se infla. No actúa con bajeza ni busca su propio interés, no se deja llevar por la ira y olvida lo malo. No se alegra de lo injusto, sino que se goza en la verdad. Perdura a pesar de todo, lo cree todo, lo espera todo y lo soporta todo. El amor nunca pasará” (1 Cor 13,4–8).

Oremos

Como hemos dicho, el miedo y la desconfianza son obstáculos para la comunión y la fidelidad en el matrimonio. En esta experiencia de oración, te invito a explorar esto en tu propia vida, con la ayuda del Espíritu Santo, para que puedas crecer en tu capacidad de amar.

1. Pídele al Espíritu Santo que te muestre tus debilidades al vivir 1 Corintios 13. Escribe las áreas en las que eres más débil o en las que más luchas (impaciencia, celos, avaricia, egoísmo, mal genio, desesperanza, etcétera).
2. Luego pídele al Espíritu Santo que te muestre dónde están las heridas *del miedo y de la desconfianza* debajo de estas áreas de infidelidad.
3. A continuación, invita al Espíritu Santo a que te muestre dónde se originan estas heridas en tu vida, por la falta de seguridad en tus relaciones.
4. Finalmente, pídele a Jesús que te revele su amor en aquellas áreas específicas donde hay carencia y que te dé su gracia en esos lugares de necesidad. Registra en un diario lo que recibes en oración.

8

PURO E INMACULADO

Cómo la Reconciliación sana las heridas de la vergüenza

Tampoco yo te condeno. Vete y en adelante no vuelvas a pecar.

Juan 8:11

Cuando era niña, Serena se sentaba en la iglesia a oscuras mientras su tío se confesaba. No tenía forma de saber si su tío le confesó "ese pecado secreto" al sacerdote y, si lo hizo, por qué el sacerdote nunca hizo nada para detenerlo y lograr que lo metieran en la cárcel. Una y otra vez, ella se sentó allí mientras él se confesaba y luego esperó la próxima vez que abusara sexualmente de ella. Dado que nada cambió después de sus confesiones, Serena concluyó que el "perdón" del sacerdote era solo una excusa para que su tío lo volviera a hacer sin culpa.

Cuando conocí a Serena, ella estaba casada y tenía sus propios hijos. La pesadilla de su abuso había terminado hace mucho tiempo, pero las sombras debilitantes todavía estaban muy presentes. Continuó cargando con la vergüenza tóxica de su abuso sexual y luchó constantemente contra los pecados que surgieron de él. Sus comentarios críticos sobre la confesión indicaron que veía el sacramento como un encubrimiento del pecado. Una vez que escuché los detalles de su historia, pude apreciar las razones de su desprecio por el sacramento y la profundidad del dolor enterrado bajo sus conceptos erróneos.

En un momento me preguntó si pensaba que estaba bien que el sacerdote perdonara el abuso sexual de su tío mientras él seguía haciéndolo (después supe que su madre había justificado y negado el comportamiento abusivo de su tío). Le dije que el perdón no justifica ningún pecado y menos uno tan dañino como el abuso sexual. Agregué que no tenía manera de saber si su tío confesó este pecado en particular, o lo hizo con un corazón contrito, pero si confesó en humildad, el sacerdote estaba allí como un representante de Jesús para revelar la misericordia de Dios (ver *CIC*, 1442 y 1461).

Agregué que el sacerdote estaba obligado por la confidencialidad bajo el "sello sacramental", por lo que no podía denunciar el abuso, aunque fuera confesado (ver *CIC*, 1467). Eso ciertamente no significaba que Dios o el sacerdote *disculpara* el pecado de su tío o que no les importara lo que le pasó a ella. La muerte de Jesús en la cruz muestra cuánto odia Dios el pecado y, sin embargo, nos ama a todos los pecadores. Para enfatizar este punto, compartí con ella las palabras de Jesús con respecto a los que dañan a los pequeños: "Al que haga caer a uno de estos pequeños que creen en mí, mejor le sería que le amarraran al cuello una gran piedra de moler y que lo hundieran en lo más profundo del mar. ¡Ay del mundo a causa de los escándalos! Tiene que haber escándalos, pero, ¡ay del que causa el escándalo!" (Mt 18,6–7).

Serena recibió varias cosas en este pasaje que la consolaron y la desafiaron. Pareció consolarse al descubrir que Dios odiaba todo lo malo que le sucedía y no lo tomaba a la ligera. También se dio cuenta de que muchos de sus pecados habían sido precipitados por el abuso. Aunque todavía era responsable de sus pecados, se sintió consolada al saber que Dios entendía de dónde se originaban muchos de esos pensamientos y comportamientos en su vida. Al enfrentarse a todo esto, también reconoció que tal vez el pecado de su tío había sido en parte provocado por el abuso que él también sufrió. Se dio cuenta de que necesitaba perdonar a su tío si esperaba ser perdonada (ver Mt 6,14–15). Pero le tomaría muchos años de terapia y sanación antes de poder hacer esto desde lo más profundo de su corazón. Capas de dolor y de degradación mantuvieron su corazón atado por la vergüenza.

Durante mucho tiempo, Serena no pudo mirarme a los ojos. Su vergüenza, por el abuso sexual y sus propios pecados, la mantenían creyendo la mentira de que era mala y sucia. Paralizó casi todos los aspectos de su vida, incluida la intimidad con su esposo, la relación con sus hijos y, lo que es más importante, su relación con Dios.

—᯽—

Ya sea que podamos relacionarnos o no con la experiencia de Serena, todos nosotros luchamos con la vergüenza en nuestras vidas en un grado u otro. Aunque nuestras circunstancias y conciencia pueden variar dramáticamente, todos conocemos la experiencia de sentirnos indignos y querer ocultar lo que tememos que pueda enfrentar el juicio y la condena de los demás. Ya sea que nos demos cuenta o no, la vergüenza interfiere con nuestras relaciones con Dios, con nosotros mismos y con los demás.

La vergüenza se entiende generalmente como una conciencia de pecado o defecto que resulta en una condición de deshonra o desgracia[1]. Para comprender sus orígenes, debemos remontarnos al comienzo de la historia humana, donde esta herida mortal se apoderó por primera vez de los corazones de Adán y Eva cuando se cubrieron y se escondieron de Dios después de violar sus mandamientos.

Como sabemos, Adán y Eva comenzaron su vida en el estado de gracia perpetua, participando plenamente de la vida interior de Dios. Todas sus acciones fueron hechas conforme a la justicia porque confiaron en Dios y se sometieron a su voluntad en todos los aspectos de su vida diaria. Mientras continuaron en comunión con Dios, permanecieron puros e inmaculados, en un estado al que san Juan Pablo II se refiere como la “inocencia original”[2].

En el instante en que Adán y Eva sucumbieron al padre de toda mentira, perdieron la inocencia. En ese momento, la vergüenza surgió en su conciencia mientras salían del estado de gracia y entraban en *des-gracia*. Inmediatamente, se avergonzaron y comenzaron a cubrirse, reconociendo que ya no se sentían seguros de ser vistos como estaban en su deficiencia: “Entonces fueron abiertos los ojos de ambos, y conocieron que estaban desnudos; así que cosieron hojas de higuera y se hicieron taparrabos”. Después de cubrirse, se escondieron de nuevo, esta vez de Dios (Gn 3,7–8).

En su comentario a este pasaje, san Juan Pablo II llama nuestra atención sobre la libertad y la intimidad que Adán y Eva vivieron antes de que la vergüenza se hiciera presente: “Se ven y se conocen, en efecto, con toda la paz de la mirada interior, que crea precisamente la plenitud de la intimidad de las personas”[3]. Esto es lo que todos anhelamos, ¿no? Ser visto y conocido y amado, sin pretensiones y sin temor a la condena.

Lamentablemente, la vergüenza interfiere con esta necesidad y deseo más profundos.

—∞—

¿Reconoces lo que está en juego aquí con el inicio del pecado y la vergüenza? Nuestra identidad central está amenazada. Dios nos creó a cada uno de nosotros para ser *puros e inmaculados* en un estado de inocencia original para participar en su vida interior de santidad y disfrutar de una intimidad continua con él y con los demás. Sin embargo, el pecado y la vergüenza nos apartan de la comunión; terminamos cubriéndonos para que los demás no vean ni conozcan nuestra des-gracia. Perdemos una medida de nuestra capacidad de participar en la vida interior de Dios (su gracia) en cada área de nuestro ser donde la vergüenza nos domina.

Como vimos en la situación de Serena, la vergüenza tiene muchas caras. Hay un lado saludable de la vergüenza, que es la conciencia de nuestro pecado como deficiencia o pérdida de la gracia. La antítesis sería la "desvergüenza". A lo largo de las Escrituras, esa palabra se usa para describir a las personas que han ignorado por completo la justicia de Dios y se están preparando para la destrucción (ver Sof 2; Jds 1:13). La aparente falta de arrepentimiento del tío de Serena revela su desvergüenza, pero tal vez su confesión mostró que había un atisbo de vergüenza "saludable" en su vida. Es posible que nunca lo sepamos de este lado del cielo.

La vergüenza, en este sentido positivo, es la conciencia de que nos hemos alejado de la pureza y la comunión y que hay una parte de nuestras vidas que está contaminada y en un estado de des-gracia. Cuando se responde con humildad, este tipo de vergüenza nos lleva al arrepentimiento y la confesión, ya que el Espíritu Santo nos convence de pecado y de la justicia de Dios (ver Jn 16:8). Serena sintió vergüenza por su propio pecado y sabía que necesitaba la misericordia, el perdón y la restauración de Dios. Pero este sano sentido de su vergüenza se vio empañado por una "vergüenza tóxica" como resultado de su abuso y otras heridas en su vida.

La vergüenza tóxica es debilitante de muchas maneras. El abuso de Serena la dejó sintiéndose "sucia y desagradable". Se sintió deshonrada por lo que su tío le hizo y, posteriormente, por sus propios pensamientos y comportamientos. Cuando estas áreas de vergüenza no fueron abordadas en su vida, se vio a sí misma como un ser humano inferior, creyendo que estaba manchada y defectuosa y condenándose a sí misma por su existencia.

Cuando era niña, Serena no tenía palabras para describir lo que le sucedió. Pero podemos imaginar su experiencia cuando escuchamos a Tamar, la hija del rey David, expresar cómo se sintió al ser violada por su medio hermano Amnón: "'No, hermano mío, no me tomes a la fuerza, pues no se actúa así en Israel. No cometas esta falta. ¿A dónde iría yo con mi vergüenza? Y tú serías como un maldito en Israel. Habla mejor con el rey, que no se negará a darme a ti'. Pero él no quiso hacerle caso, la agarró a la fuerza y se acostó con ella . . . Tamar se echó ceniza en la cabeza, rasgó su túnica con mangas y se puso una mano en la cabeza, luego partió lanzando gritos" (2 Sm 13,12–14, 19).

Aprecio la crudeza de las Escrituras. Estamos invitados directamente a la angustia de Tamar mientras describe la vergüenza desgarradora que experimentarían tanto ella como Amnón. Las palabras de Tamar y las acciones posteriores también resaltan la vergüenza de Serena y su tío. Tanto la víctima como el victimario quedaron horriblemente marcados por esta violación de su dignidad humana. Solo uno de ellos pecó y necesitaba arrepentirse, pero ambos experimentaron la deshonra y cada uno de ellos necesitaba el amor misericordioso y la sanación de Dios para restaurarlos a su integridad.

La misericordia de Dios es el único remedio conocido para nuestra vergüenza. Y el sacramento de la Reconciliación es uno de los principales medios de la Iglesia para comunicar este increíble y completamente desatendido don de la compasión y el perdón de Dios. A través del sacramento, el Espíritu Santo es capaz de llegar a las zonas más profundas de nuestro corazón que nos mantienen en degradación y separación. "Toda la fuerza de la Penitencia [Reconciliación] consiste en que nos restituye a la gracia de Dios y nos une con Él con profunda amistad" (*CIC*, 1468). Como tal, sana las heridas de la vergüenza (des-gracia) y nos restaura a nuestra verdadera identidad en Cristo, como hijos puros e inmaculados del Padre (ver 1 Jn 3,1–3).

La restauración total de nuestra identidad es un proceso de toda la vida donde la luz de Dios penetra y disipa la oscuridad de nuestro pecado y vergüenza. Juan en su carta a las iglesias explica:

> Este es el mensaje que hemos recibido de él y que les anunciamos a ustedes: que Dios es luz y que en él no hay tinieblas. Si decimos que estamos en comunión con él mientras caminamos en tinieblas, somos unos mentirosos y no actuamos en la verdad. En cambio, si caminamos en la luz, lo mismo que él está en la luz, estamos en comunión unos con otros, y la sangre de Jesús, el Hijo de Dios, nos purifica de todo pecado. Si decimos que no tenemos pecado, nos estamos engañando a nosotros mismos, y la verdad no está en nosotros. Pero si confesamos nuestros pecados, él, que es fiel y justo, nos perdonará nuestros pecados y nos limpiará de toda maldad. Si dijéramos que no hemos pecado, sería como decir que él miente, y su palabra no estaría en nosotros (1 Jn 1,5–10)

Nota estas cuatro actividades primarias involucradas en la restauración de la pureza, que san Juan menciona, y cómo describen el proceso involucrado en el sacramento de la Reconciliación:

1. Reconocemos nuestros pecados (confesión).
2. Somos perdonados (absolución).
3. Somos limpiados (liberación).
4. Somos restaurados a la comunión para caminar en la luz (penitencia/reparación por nuestros pecados/sanación).

Al comentar sobre este proceso, el padre Raniero Cantalamessa observa: "El Espíritu Santo es la remisión de todos los pecados". Él nos condena de nuestros pecados, y luego "lleva a cabo la obra de purificación en nosotros desde lo más profundo de nuestro ser . . . derrite nuestro duro corazón de piedra . . . y nos remodela a la imagen de Dios"[4]. El padre Cantalamessa agrega que este proceso se articula bellamente en la Iglesia siríaca cuando el sacerdote pronuncia palabras de absolución: "Que el Señor, por la irrupción del Espíritu Santo, destruya y borre por completo de tu alma toda falta, toda blasfemia y toda clase de injusticia por la cual tu alma ha sido ensuciada"[5].

Qué poderosas imágenes: "la irrupción del Espíritu Santo" da una imagen visual del amor y la luz de Dios entrando a través de un portal recientemente abierto al corazón. Palabras como "destruya" y "borre por completo" hablan de la destrucción total del pecado que sucede con el sacramento. ¿Puedes escuchar en esta descripción cómo el sacramento de la Reconciliación está destinado no solo a nuestro perdón sino también a nuestra purificación y sanación? "Toda clase de injusticia por la cual tu alma ha sido ensuciada" habla de la impureza y la injusticia que resultan del pecado y el proceso de purificación que es necesario.

Contrariamente a la experiencia y percepción errónea de Serena, la misericordia de Dios no desprecia la justicia y la santidad, sino que se convierte en el único medio verdaderamente eficaz para restaurar estas virtudes. Dios nos perdona no para excusar nuestro pecado sino para restaurarnos a la plenitud. Su meta es nuestra completa restauración en justicia e inocencia para que podamos llegar a ser "puros e inmaculados" en comunión con Jesús. Esta es la obra de Dios en nosotros, a través de la sangre limpiadora de Jesús y la "irrupción" del Espíritu Santo a través del sacramento.

Hagamos una pausa aquí para reflexionar sobre este asombroso don del amor misericordioso de Dios que fluye a través del sacramento de la Reconciliación, encontrándonos en los lugares de nuestra más profunda miseria y deshonra.

Tómate un momento

1. ¿Cuándo eres más consciente de la vergüenza en tu vida? ¿Cómo rompe tu intimidad con Dios y con los demás? ¿Cómo afecta esto a tu propia integridad?
2. ¿Cómo has encontrado la misericordia del Padre en la Confesión/Reconciliación?
3. Describe el proceso de sanación en cuatro partes a través del sacramento de la Reconciliación. ¿Cómo has vivido cada paso del proceso?

4. ¿Crees que hay un pecado tan horrible que está más allá de la misericordia de Dios? Explica.

—⁂—

La pregunta número cuatro es una que todos debemos hacernos personalmente porque nuestra respuesta revela las áreas en las que nos negaremos a perdonar y recibir perdón en nuestras vidas y, por lo tanto, nos aferraremos a nuestra vergüenza y condenación. ¿Has hecho algo que crees que Dios no puede perdonar? ¿Qué te han hecho otros que crees que es imperdonable? Lo que hizo el tío de Serena fue atroz. ¿Crees que fue un "pecado imperdonable" y más allá de la misericordia de Dios?

Jesús nos respondió a estas preguntas cuando murió en la cruz y nos dio los sacramentos para que la misericordia de Dios pueda ser recibida por toda persona que la busque con verdadera contrición. Hablando palabras de perdón desde la cruz, frente a la peor injusticia de toda la historia, mostró que nada estaba fuera de la misericordia de Dios, con una sola excepción. ¿Sabes cuál es esa excepción?

Jesús nos dice claramente: no podemos ser perdonados si nos negamos eternamente a reconocer nuestro pecado y si despreciamos la misericordia de Dios. A esto se refería Jesús cuando hablaba de la "blasfemia contra el Espíritu Santo" (ver Mc 3:29). Aunque a menudo se malinterpreta, la blasfemia contra el Espíritu Santo es una extrema dureza de corazón, donde una persona está tan atrincherada y autojustificada en su pecado que se niega permanente y eternamente a reconocer la justicia de Dios o su propia necesidad de la misericordia de Dios. Este fue el pecado de muchos de los fariseos que mataron a Jesús. Jesús los perdonó, pero ellos pudieron o no haber recibido su misericordia, dependiendo de su disposición a arrepentirse.

¿Era el tío de Serena culpable de este tipo de dureza impenitente? No lo sé, pero espero que no. Rezo por él. Creo que, si tuviera alguna idea de su pecado y vergüenza, la Iglesia le ofrecería el perdón de Cristo a través del sacramento de la Reconciliación. ¿Sería eso justo para Serena? ¿La Iglesia siquiera se preocupa por su sanación?

—⁂—

Según el *Catecismo*, el sacramento de la Reconciliación no sólo está destinado a la sanación del penitente, sino también al beneficio de todos los perjudicados por su pecado. La reconciliación plena requiere que hagamos todo lo posible por nuestra propia restauración, así como por la restauración de los perjudicados.

He aquí una sinopsis de lo que enseña la Iglesia al respecto: "Muchos pecados causan daño al prójimo. Es preciso hacer lo posible para repararlo (por ejemplo, restituir las cosas robadas, restablecer la reputación del que ha sido calumniado, compensar las heridas). La simple justicia exige esto. Pero además el pecado hiere y debilita al pecador mismo, así como sus relaciones con Dios y con el prójimo. La absolución quita el pecado, pero no remedia todos los desórdenes que el pecado causó. Liberado del pecado, el pecador debe todavía recobrar la plena salud espiritual . . . Esta satisfacción se llama también 'penitencia'" (*CIC*, 1459).

En *La reconciliación y la penitencia,* san Juan Pablo II añade: "Tal reconciliación con Dios tiene como consecuencia, por así decir, otras reconciliaciones que reparan las rupturas causadas por el pecado: el penitente perdonado se reconcilia consigo mismo en el fondo más íntimo de su propio ser, en el que recupera la propia verdad interior; se reconcilia con los hermanos, agredidos y lesionados por él de algún modo; se reconcilia con la Iglesia, se reconcilia con toda la creación"[6].

¿Puedes ver cómo el sacramento de la Reconciliación está destinado a traer la sanación, primero al pecador arrepentido, y luego a través de él a todos los afectados por su pecado? La Iglesia es sabia, porque está dirigida por el Espíritu Santo y tiene la mirada siempre puesta en nuestra plena restauración y realización.

¿Te imaginas cuán diferentes serían las cosas para Serena y su tío si él hubiera buscado la restauración de Serena, así como la suya? ¿Suena exagerado? No lo es. He sido testigo de este tipo de reconciliación muchas veces en muchas circunstancias diferentes. La siguiente reconciliación asombrosa, en una situación algo similar, me dejó una impresión duradera, mostrando que Dios puede hacer cosas inimaginables cuando nos volvemos a él. La familia que estás a punto de conocer realmente entró en reconciliación y con ella experimentó una sanación profunda y duradera para todos los involucrados.

La madre de la familia, Danielle, estaba abrumada por el dolor y la rabia mientras luchaba por compartir por qué acudió en busca de ayuda. Recientemente se había separado de Hank, su esposo durante treinta y ocho años, luego de descubrir que había estado abusando sexualmente de sus cuatro hijas durante su infancia. Danielle estaba horrorizada mientras luchaba por enfrentar el tormento y la desgracia que había devastado a su familia. Había amado a Hank desde que ambos eran jóvenes; ahora todo lo que quería hacer era matarlo. Su rabia es lo que la llevó a separarse y mudarse a otro estado, para no terminar haciendo algo de lo que luego se arrepintiera.

El proceso de sanación de Danielle comenzó lentamente al principio, pero se aceleró rápidamente a medida que frecuentaba el sacramento de la Reconciliación. Allí confesaría regularmente su rabia, así como su propia vergüenza y culpa por no ver las pistas del abuso a lo largo de los años para poder proteger a sus hijas. Se sintió personalmente humillada y más preocupada aún por la humillación y la angustia de sus hijas. Cuando estaba sucediendo, enterró la cabeza en la arena, pero ahora todo tenía sentido ante los problemas de sus hijas: abuso de drogas, relaciones desacertadas, distanciamiento, autolesiones, perfeccionismo, ansiedad inmanejable y depresión suicida.

Pero ahora era el momento de que Danielle sanara para que eventualmente pudiera sanar a su familia rota. Mientras clamaba a Dios en su angustia, sucedió algo asombroso durante un período de seis meses. En parte como fruto de su participación regular en los sacramentos de la Reconciliación y la Eucaristía diaria y en parte debido a su proceso de sanación en la terapia, Danielle pasó lentamente de la ira a la compasión por Hank. Habiendo recibido la misericordia de Dios ella misma, deseaba que Hank recibiera el perdón antes de morir. Ella no quería que él fuera al infierno. Ella comenzó a orar fervientemente. A los pocos meses, se sintió impulsada a animar a Hank a ausentarse del trabajo, para que pudiera participar en su propio proceso de sanación.

Hank estaba convencido de que estaba más allá de la misericordia de Dios. Y sus hijos aceptaron de buena gana. Al principio estaban furiosos con su madre por mostrar compasión porque pensaban que ella continuaba capacitándolo. Pero eventualmente cambiaron de opinión, cuando escucharon informes de la voluntad de su padre de arrepentirse y enfrentar lo que les había hecho. Al igual que Danielle, Hank dio un gran paso adelante cuando acudió al sacramento de la Reconciliación y confesó sus pecados. Después de la confesión, un rayo de luz se abrió paso en la oscuridad que había impregnado su alma. Fue un paso importante en su paso de la desgracia a la gracia, pero todavía estaba lejos de liberar la mayor parte de su vergüenza tóxica y entrar en comunión con Dios o cualquier otra persona.

Hank luchó intensamente mientras trataba de enfrentar y aceptar todas las formas en que había traicionado a su esposa y causado un daño incalculable a sus hijas. Se vio a sí mismo como un monstruo. Su versículo favorito de las Escrituras en ese momento era el que le había mostrado a Serena sobre la piedra de molino: "Al que haga caer a uno de estos pequeños que creen en mí, mejor le sería que le amarraran al cuello una gran piedra de moler y que lo hundieran en lo más profundo del mar. ¡Ay del mundo a causa de los escándalos! Tiene que haber escándalos, pero, ¡ay del que causa el escándalo!" (Mt 18:6). Su vergüenza y su odio a sí mismo alcanzaron tal intensidad que anhelaba que le pusieran una piedra de molino alrededor del cuello para poder ahogarse en el mar. Eso, él creía, es lo que se merecía y la única forma en que encontraría algún alivio.

Incluso después de su confesión, Hank no creía que fuera digno de la misericordia de Dios. Cuando le hablé acerca de aceptar el perdón y la compasión de Jesús, me respondió: "No puedo hacer eso hasta que mis hijas y mi esposa estén sanos y puedan perdonarme". Admiré su deseo de sacrificar su bien por el bien de ellos, pero traté de explicarle que necesitábamos comenzar con él y su relación con Dios. Solo entonces podría ayudar a sanar al resto de la familia. De lo contrario, todavía los estaría usando para obtener algo (la aprobación) que necesitaba de ellos.

Una gracia salvadora es que Hank estaba dispuesto a mirarse en el espejo a través de las Escrituras. Un día en particular, fuimos guiados a la historia de la mujer adúltera en el Evangelio de Juan. Toda la historia trata sobre Jesús encontrándose con la mujer en el lugar de su humillación y desgracia. Cuando todos los demás la condenaron, Jesús mostró el corazón de amor y misericordia del Padre. Le pregunté a Hank si podía leerle esto y colocar su nombre en todos los lugares donde hablaba de la interacción de la mujer con Jesús. Lo animé a invitar al Espíritu Santo a hablar a su corazón a través de todo. Después de cierta resistencia inicial, accedió.

Habiendo recibido el sacramento de la Reconciliación a principios de esa semana, estas cuatro declaraciones de Jesús, a través de las Escrituras, traspasaron el corazón de Hank:

"Aquel de ustedes que no tenga pecado, que le arroje la primera piedra [a Hank]" (Jn 8:7).

"¿Ninguno te ha condenado? . . . Tampoco yo te condeno [, Hank]" (Jn 8,10–11).

"Vete y en adelante no vuelvas a pecar [, Hank]" (Jn 8:11). "Yo soy la luz del mundo [, Hank]. El que me sigue no caminará en tinieblas, sino que tendrá luz y vida" (Jn 8:12).

Al escuchar a Jesús hablarle directamente a través de las Escrituras, Hank finalmente *recibió* la gracia del sacramento que se le había ofrecido unos días antes. Se dio cuenta de que todas las acusaciones dentro de su mente eran piedras que constantemente se arrojaba a sí mismo e imaginaba que sus hijas y su esposa también se las tiraban. Finalmente creyó que Jesús no lo estaba condenando. Se había estado condenando a sí mismo todo el tiempo, mientras Jesús se acercaba a él, primero a través de su esposa y luego a través del sacerdote, para restaurarlo a la gracia y la plenitud. Con una nueva conciencia de la misericordia de Dios, finalmente comprendió el llamado al arrepentimiento y lo recibió por primera vez con esperanza: aceptaría la amonestación de Jesús de no pecar más y de seguirlo como discípulo para que pudiera caminar en la luz y no en la oscuridad.

Hasta este momento, mis palabras no pudieron convencer a Hank de que el Padre había extendido sus manos de misericordia y perdón. Las palabras de Jesús a través del sacramento y luego a través de las Escrituras se convirtieron en la palabra viva y eficaz que impulsó su conversión. La Palabra de Dios y el sacramento pueden penetrar nuestros corazones a través del Espíritu Santo como ninguna otra cosa, especialmente cuando nos acercamos a él en oración (ver Heb 4:12; Sant 5,16–18).

Con este gran avance en su capacidad de recibir la misericordia del Padre, Hank comenzó a sanar rápidamente. Su esposa, Danielle, pudo ver los cambios y finalmente confió en la autenticidad de su conversión. Comenzaron a reunirse, dentro y fuera de la terapia, para resolver sus muchos problemas y luego, una a la vez, Hank invitó a cada una de sus hijas a ir a terapia con él, para que pudiera disculparse y reconciliarse con cada una de ellas[7]. Invitó a cada una de ellas a compartir lo que quisieran y les dio la libertad de revivir los eventos en su memoria y, al hacerlo, expresar su ira, dolor, vergüenza, indignación, etcétera.

Debido a que Hank tenía su identidad más firmemente arraigada en el Padre, pudo soportar todas las acusaciones, la mayoría de las cuales sabía que eran ciertas. Él simplemente asintió y con profunda angustia sintió compasión por todo el dolor que había causado a sus hijas. Su compartir lo ayudó a tener una contrición genuina por su pecado (ver 2 Cor 7,9–11). Cuando sus hijas estuvieron listas, él y Danielle las ayudaron a superar el dolor y la vergüenza. Hank encontró una gran satisfacción al finalmente poder amar a sus hijas de una manera que era para su bien, en lugar de usarlas para sus propios fines egoístas como lo había hecho durante años. Al final, las hijas pudieron perdonar a su padre y a su madre desde el corazón.

Unos diez años después de estos eventos, Danielle volvió a la ciudad de visita y solicitó reunirse conmigo. Ella estaba resplandeciente. No podía esperar para contarme sobre la increíble sanación y reconciliación que había tenido lugar en su familia. Después de regresar a su ciudad, ella y Hank se mudaron juntos a su casa y cada uno de los niños comenzó a venir para visitas más largas. Algunos vivieron con ellos por un tiempo, y otros trajeron a sus hijos. La confianza se había restaurado a tal punto que las hijas se mostraban cariñosas tanto con su papá como con su mamá y permitían que sus hijos interactuaran libremente con cada uno de ellos. La vergüenza ya no tenía un dominio absoluto sobre Hank o su familia.

Durante nuestra reunión, Danielle me dijo que Hank había muerto dos años antes y que estaba segura de que algún día lo encontraría en el cielo. Se maravilló de que los años anteriores a su muerte hubieran sido los más felices que habían vivido juntos como familia. La vergüenza y la humillación dieron paso a una hermosa intimidad y comunión. Nunca creyó que esto pudiera ser posible después de toda la devastación que habían experimentado como familia. Profundamente agradecida con Dios por restaurarlos, lloró mientras me contaba todas las cosas hermosas que sucedieron en su familia. Ella sabía que solo Jesús podía hacer algo como esto: "Todo eso es obra de Dios, que nos reconcilió con él en Cristo y que a nosotros nos encomienda el mensaje de la reconciliación" (2 Cor 5:18).

Los cambios en Danielle y Hank comenzaron y se profundizaron con el sacramento de la Reconciliación. A través de sus reconciliaciones individuales con Dios y la Iglesia, Danielle y luego Hank se convirtieron en ministros de reconciliación primero entre ellos y luego con sus hijas. También tuvieron que reconciliarse con los miembros de su familia extendida que estaban profundamente heridos por el conocimiento del abuso. Cada uno asumió la responsabilidad de su parte, pidió perdón e hizo todo lo posible para restaurar a sus hijas, a sus familias y entre ellos.

Experiencias como estas ayudan a recordarnos a todos que "el Evangelio es la revelación, en Jesucristo, de la misericordia de Dios con los pecadores" (*CIC*, 1846). El sacerdocio es el rostro de Cristo, sirviendo como ministros de primera línea de la reconciliación en la Iglesia. El sacerdocio ordenado revela la misericordia de Dios de manera muy directa a través del sacramento (ver Sant 5,14–16)[8]. Los demás somos también sacerdotes (mediadores) en Cristo, llamados primero a recibir su misericordia y luego a revelar su perdón al mundo que nos rodea. En este sentido, todos somos ministros de la reconciliación, sanando las heridas de la vergüenza causadas por el pecado (ver 2 Cor 5,18–19). Todo comienza con la muerte y resurrección de Cristo. Las gracias fluyen desde allí a través del sacramento de la Reconciliación, y luego estas gracias deben ser vividas en todos los aspectos de nuestras vidas.

Las siguientes preguntas de reflexión, la meditación en la Escritura y la experiencia de oración están destinadas a ayudarte a recibir estas gracias más plenamente en tu vida.

Tómate un momento

1. ¿Alguna vez has estado en los zapatos de Danielle y has podido extender misericordia a alguien que te hirió profundamente? ¿El

sacramento de la Reconciliación jugó un papel en eso? ¿De qué manera?

2. ¿En qué se diferenció el arrepentimiento de Hank al arrepentimiento del tío de Serena? ¿Cómo se convirtió en un ministro de reconciliación para todos aquellos a quienes había lastimado?
3. ¿Cuándo recibió Hank la misericordia de Dios? ¿Cuándo se concedió?
4. ¿En qué área de tu vida necesitas escuchar que Jesús no te condena? ¿Estás dispuesto a soltar tu vergüenza y recibir su misericordia?
5. ¿Dónde te está llamando Dios para que seas su ministro de reconciliación?

Meditación en las Escrituras

El siguiente pasaje de Juan 8 sobre Jesús y la mujer adúltera es el que le leí a Hank. Te animo a poner tu nombre en el lugar de la mujer, como hicimos con Hank.

1. Pídele al Espíritu Santo que te guíe mientras reflexionas sobre el pasaje bíblico.
2. Lee el pasaje lentamente por primera vez para una comprensión general.
3. Lee una segunda vez lentamente, colocando tu nombre en el lugar de la mujer; permítete sentir la vergüenza y luego experimenta la respuesta de Jesús.
4. Lee una tercera vez, muy lentamente, permitiendo que el Espíritu Santo te hable a través del pasaje. Anota lo que recibes.

Jesús y la mujer adúltera

"Los maestros de la Ley y los fariseos le trajeron una mujer que había sido sorprendida en adulterio. La colocaron en medio y le dijeron: 'Maestro, esta mujer es una adúltera y ha sido sorprendida en el acto. En un caso como éste la Ley de Moisés ordena matar a pedradas a la mujer. Tú, ¿qué dices?'. Le hacían esta pregunta para ponerlo en dificultades y tener algo de qué acusarlo. Pero Jesús se inclinó y se puso a escribir en el suelo con el dedo. Como ellos insistían en preguntarle, se enderezó y les dijo: 'Aquel de ustedes que no tenga pecado, que le arroje la primera piedra'. Se inclinó de nuevo y siguió escribiendo en el suelo. Al oír estas palabras, se fueron retirando uno tras otro, comenzando por los más viejos, hasta que se quedó Jesús solo con la mujer, que seguía de pie ante él. Entonces se enderezó y le dijo: 'Mujer, ¿dónde están? ¿Ninguno te ha condenado?'. Ella contestó: 'Ninguno, señor'. Y Jesús le dijo: 'Tampoco yo te condeno. Vete y en adelante no vuelvas a pecar'. Jesús les habló de nuevo diciendo: 'Yo soy la luz del mundo. El que me sigue no caminará en tinieblas, sino que tendrá luz y vida'". (Jn 8,3–12).

Oremos

La siguiente es la oración de arrepentimiento del rey David después de que el profeta Natán lo confrontara con respecto a su adulterio con Betsabé y el asesinato de su esposo, Urías. Jesús enseñó que cometemos adulterio cada vez que sentimos lujuria en nuestro corazón o somos infieles a Dios de alguna manera y que asesinamos cada vez que guardamos resentimiento o calumniamos a alguien (ver Mt 5,21–30; Sant 4:4). Piensa en un momento en el que fuiste infiel de alguna manera o lastimaste a alguien a través de tu ira o venganza. Entonces reza esta oración desde tu corazón al Padre implorando su misericordia. Siguiendo esta oración, si tienes acceso al sacramento de la Reconciliación, te animo a confesar estos pecados a un sacerdote y escuchar a Jesús hablarte (a través de su representante) que tus pecados son perdonados. Si no tienes la oportunidad de recibir el sacramento, te animo a que practiques los cuatro pasos de la reconciliación (en la página 124), confesándote con alguien en quien confíes (estos cuatro pasos de reconciliación representan la enseñanza y la práctica central del proceso de recuperación de doce pasos que comenzó con Alcohólicos Anónimos).

Oración de arrepentimiento

"Ten piedad de mí, oh Dios, en tu bondad, por tu gran corazón, borra mi falta.

"Que mi alma quede limpia de malicia, purifícame de mi pecado.

"Pues mi falta yo bien la conozco y mi pecado está siempre ante mí;

"contra ti, contra ti sólo pequé, lo que es malo a tus ojos yo lo hice. Por eso en tu sentencia tú eres justo, no hay reproche en el juicio de tus labios.

'Tú ves que malo soy de nacimiento, pecador desde el seno de mi madre.

"Mas tú quieres rectitud de corazón, y me enseñas en secreto lo que es sabio.

"Rocíame con agua, y quedaré limpio; lávame y quedaré más blanco que la nieve.

"Haz que sienta otra vez júbilo y gozo y que bailen los huesos que moliste.

"Aparta tu semblante de mis faltas, borra en mí todo rastro de malicia.

"Crea en mí, oh Dios, un corazón puro, renueva en mi interior un firme espíritu.

"No me rechaces lejos de tu rostro ni me retires tu espíritu santo.

"Dame tu salvación que regocija, y que un espíritu noble me dé fuerza.

"Mostraré tu camino a los que pecan, a ti se volverán los descarriados.

"Mi espíritu quebrantado a Dios ofreceré, pues no desdeñas a un corazón contrito" (Sal 51,3–15, 19).

9

RESUCITADO A LA VIDA

Cómo la Unción de los Enfermos sana las heridas de la desesperanza

¡El Reino de los Cielos está ahora cerca! Sanen enfermos, resuciten muertos.

Mateo 10,7–8

Cada domingo de Pascua, las iglesias cristianas de todo el mundo proclaman con alegría a una voz el principio central de nuestra fe: *¡Cristo ha resucitado de entre los muertos! ¡Aleluya!* La resurrección de Jesús es la causa de nuestra alegría y la base de nuestra esperanza duradera en la promesa de la vida eterna (ver 1 Cor 15:1; 1 Tes 4:13; Ti 1:2; 1 Pe 1:3). Sin ella, nos dice san Pablo, nuestra fe es en vano (ver 1 Cor 15:17). Es por eso que la resurrección de entre los muertos ocupa un lugar central en todos nuestros credos. Al profesar una creencia en la resurrección de Jesús, afirmamos que Jesús está vivo y entre nosotros y que cada uno de nosotros experimentará nuestra propia resurrección personal de entre los muertos. Este es un ancla de esperanza para cada uno de nosotros.

Todos los sacramentos derivan su poder ilimitado de la resurrección de Jesús, cada uno a su manera única (ver *CIC*, 1091). El sacramento de la Unción de los Enfermos confronta específicamente la enfermedad, la desesperanza y la muerte. A su vez, el poder de resurrección de Jesús se actualiza de tres maneras distintas: (1) brindando fortaleza y esperanza en medio de la enfermedad; (2) a través de la restauración de nuestra salud; y (3) preparándonos para nuestra glorificación final, donde estaremos completos (ver *CIC*, 1532). "Con la sagrada unción de los enfermos y con la oración de los presbíteros, la Iglesia entera encomienda a los enfermos al Señor sufriente y glorificado para que *los alivie* y los salve" (*CIC*, 1499, énfasis añadido).

La enfermedad *nos* enfrenta con la muerte y la desesperanza: "Toda enfermedad puede hacernos entrever la muerte" (*CIC*, 1500). "La enfermedad puede conducir a la angustia, al repliegue sobre sí mismo, a veces incluso a la desesperación [es decir, la desesperanza]" (*CIC*, 1501). Por el contrario, cada encuentro de sanación con el Señor resucitado revela un atisbo de la gloria de su vida de resurrección. El Rito Romano para la Unción de los Enfermos habla de esta realidad: "Por esta santa unción, y por su bondadosa misericordia, te ayude el Señor con la gracia del Espíritu Santo, para que, libre de tus pecados, te conceda la salvación"[1].

Nota las palabras "te conceda la salvación" en las descripciones y oraciones de este sacramento. Son una alusión a la resurrección y recuerdan referencias similares de los autores del Nuevo Testamento cuando hablan del ministerio sanador de Jesús. Primero, Mateo observa: "Jesús fue a casa de Pedro; allí encontró a la suegra de éste en cama, con fiebre. Jesús le tocó la mano y se le pasó la fiebre. Ella *se levantó* y comenzó a atenderle" (Mt 8,14–15, énfasis añadido).

De manera similar, Santiago agrega: "¿Hay alguno enfermo? Que llame a los ancianos de la Iglesia, que oren por él y lo unjan con aceite en el nombre del Señor. La oración hecha con fe salvará al que no puede levantarse y el Señor hará que *se levante*; y si ha cometido pecados, se le perdonarán" (Sant 5,14–15, énfasis añadido). Este pasaje de Santiago revela la forma rudimentaria del sacramento de la Unción de los Enfermos en los primeros días de la Iglesia. Este sacramento es un signo de la vida de resurrección de Cristo que nos sana ahora y una prefiguración de la resurrección final donde seremos completamente completos. En ese día final, seremos "resucitados a la vida" y nuestra identidad será completamente restaurada y renovada en él.

La resurrección de Jesús es la promesa y el cumplimiento de todo lo que Dios se propuso para nosotros cuando nos creó: una vida llena de esperanza y salud, libre de enfermedad, muerte y desesperación. Antes de que el pecado entrara en el mundo, la enfermedad y la muerte no existían. Tampoco la desesperanza, que es la herida más asociada con la enfermedad y la muerte. Como cada una de las otras heridas que hemos estado explorando a lo largo de este libro, la desesperanza se apoderó del corazón humano con la desobediencia y separación de Dios de Adán y Eva.

Dios les dijo: "Puedes comer todo lo que quieras de los árboles del jardín, pero no comerás del árbol de la Ciencia del bien y del mal. El día que comas de él, ten la seguridad de que morirás" (Gn 2:16–17). Desafiando la integridad del Padre, el padre de toda mentira respondió: "No es cierto que morirán" (Gn 3:4). La serpiente entonces procedió a acusar a Dios de retener algo bueno de nuestros primeros padres[2]. Todos conocemos el resto de la historia. Apartándose de la fuente de toda esperanza genuina y duradera, Adán y Eva se condenaron a sí mismos y al resto de la raza humana a las maldiciones de la muerte y la desesperanza.

Por un breve tiempo, a Adán y Eva les pudo haber parecido que escaparon de la maldición de la muerte porque no cayeron muertos de inmediato, al menos físicamente. Pero como pronto descubrirían, las semillas de la muerte y la desesperanza entraron en sus vidas precisamente en el mismo momento en que se separaron del Padre[3]. Su muerte espiritual finalmente se manifestó en la muerte física. Entre sus muertes espiritual y física, se sometieron a sí mismos y a toda la raza humana a enfermedades y angustias de toda forma y moda, todas evidencias del dominio absoluto de la muerte sobre la creación.

Desde el instante en que el pecado entró en el mundo, toda la creación estaba condenada a una muerte sin esperanza. En nuestras propias vidas, el pecado trae misteriosamente la perdición, la enfermedad y la desesperación a nuestro cuerpo y alma (todos los síntomas de la muerte) (ver Dt 28; Rom 5–7; *CIC*, 1502). Todos tenemos lugares en nuestros corazones donde hemos experimentado la desilusión del amor, el desánimo por la pérdida de propósito y la muerte de nuestros deseos insatisfechos más profundos. Estas muertes espirituales son la raíz de gran parte de la desesperanza que experimentamos día a día. Si no se atienden, estos focos de desesperación pueden resultar en un profundo vacío y futilidad que pueden desmoralizar toda nuestra vida. Lo que comenzó como una pequeña decepción puede conducir a una vida de desconexión, inutilidad, enfermedad e incluso muerte.

La máxima desesperanza es vivir sin Dios y sin esperanza en esta vida y luego por toda la eternidad. Esta es la realidad que la Iglesia llama infierno. ¿Puedes siquiera comenzar a imaginar el tormento y la desesperación, la completa y absoluta desesperanza que existe para aquellos que eligen permanecer permanentemente divorciados de Dios y, por lo tanto, eternamente aislados de cualquier posibilidad de vida, restauración o esperanza?

La Biblia se refiere a este estado permanente de separación de Dios como la "segunda muerte". Esta realidad profundamente perturbadora es descrita por el apóstol Juan en el libro del Apocalipsis: "¡Feliz y santo es el que participa en la primera resurrección! La segunda muerte ya no tiene poder sobre ellos" (Ap 20:6). "Pero para los cobardes, los renegados, los corrompidos, los asesinos, los impuros, los hechiceros, los idólatras, en una palabra, para todos los falsos, su lugar es el lago que arde con fuego de azufre, que es *la segunda muerte*" (Ap 21:8, énfasis añadido).

La segunda muerte no tiene poder sobre los que participan en la primera resurrección porque en la resurrección de Jesús de entre los muertos la "muerte ha sido devorada" (1 Cor 15:54). Su resurrección ofrece esperanza a todo el género humano, brindándole la seguridad de la vida más allá de la tumba. Si somos resucitados a la vida en Cristo, tenemos la seguridad de que lo veremos cara a cara y nos reuniremos con él y nuestros seres queridos por toda la eternidad (ver 1 Cor 13:12; 1 Tes 4:13–15). Esta es la esperanza que se nos ofrece en el sacramento al que la Iglesia se refiere como la Unción de los Enfermos.

—∾—

La Unción de los Enfermos está destinada a sanar a los enfermos (y por extensión a sus seres queridos) y preparar a los moribundos para la vida eterna. En este segundo aspecto, a veces se le denomina los Últimos Ritos y se combina con los sacramentos de la Reconciliación y la Sagrada Comunión. Puedo dar fe personalmente del impacto dramático que este sacramento puede tener en nuestras vidas y en las vidas de nuestros seres queridos. Compartí en *Sé sanado* mi experiencia cuando mi hermano Dave recibió este sacramento al borde de la muerte[4]. Después de recibir la unción, Dios lo trajo de regreso del borde de la muerte y literalmente lo levantó de su lecho de muerte durante dos semanas. Este breve respiro de la muerte brindó a nuestra familia la oportunidad de experimentar la reconciliación y la sanación, trayendo la esperanza y el aliento para cada uno de nosotros.

También experimenté la gracia del sacramento con varios miembros de la familia de Margie y con una amiga cercana de ella. Solo mi cuñada recuperó la salud después de la unción, pero en cada instancia fuimos inmensamente consolados, sabiendo que Dios en su misericordia perdonó los pecados de nuestros seres queridos para prepararlos para la gloria de su resurrección en Cristo. En la fe, podíamos confiar en que no pasarían por los tormentos del infierno, sino que se les dio la firme esperanza de disfrutar la plenitud del cielo. Hubo una profunda paz que descendió sobre nosotros, sabiendo que algún día nos reuniríamos con ellos (siempre que también nosotros permaneciéramos en el estado de gracia).

Conozco a muchos otros que han experimentado consuelos similares con el sacramento. Mis amigos Lance y Nicole estaban profundamente preocupados por la salvación de su padre. Rezaron fervientemente por él y finalmente se tranquilizaron cuando recibió este sacramento. Pero las dudas persistentes después de su fallecimiento hicieron que Nicole se cuestionara lo que presenciaron y si, de hecho, el sacramento logró su propósito declarado. La confirmación llegó unas semanas más tarde, cuando estaba orando un día después de recibir a Jesús en la Sagrada Comunión en la Misa diaria.

La siguiente es la descripción de Nicole de lo que sucedió cuando su suegro recibió la Unción de los Enfermos y la subsiguiente visión que recibió de Jesús durante su tiempo de reflexión después de recibir la Eucaristía:

> La última semana de vida de mi suegro fue una de las semanas más sagradas que he experimentado en toda mi vida. Fue realmente un tiempo sagrado de estar presente para amarlo y orar por él mientras lo cuidaba durante la última etapa del cáncer.
>
> Al comienzo de su cáncer, vi a mi suegro expresar su absoluta falta de deseo de recibir cualquiera de los sacramentos de la Iglesia o cualquier necesidad de

reconciliarse con el Señor. Llevaba más de cuarenta años alejado de Jesús y de la Iglesia. Reconocí que era un tiempo para amarlo en este lugar de vulnerabilidad y encomendarlo en las manos de Nuestra Señora. La intensidad de nuestras oraciones, sacrificios y los de nuestros amigos íntimos—algunos de los cuales son sacerdotes y religiosos [hermanos y hermanas]—aumentó por él. Estaba siendo cubierto de gracia. Su lucha interna con Dios fue tranquila pero sentida. Fue asombroso ver el movimiento constante de Dios en dos cortos meses transformar el "no" de mi suegro en un tierno y abierto "sí".

Recuerdo claramente el día que el padre Tom vino a ungirlo y traerle a Jesús. Llegó a las tres de la tarde; la hora de la misericordia no se me pasó por alto. No estaba seguro de cómo respondería al padre Tom, pero confiaba en que este era el momento. Fue llevado a hacer preguntas sencillas: "John, ¿puedo orar contigo? ¿Puedo ungirte? ¿Te gustaría recibir a Jesús?". Estaba claro que papá entendió lo que se le pedía y estaba listo para recibir. Después de ese momento se podía ver a papá comenzar a descansar mientras la paz se derramaba en su corazón. A su vez, una profunda paz llenó el aire y se hizo increíblemente palpable en toda la casa. Falleció tres días después.

Recuerdo despertarme una mañana de diciembre unas dos semanas después de la muerte de mi suegro con el peso de una profunda duda que creaba tanta tristeza en mi corazón que me preguntaba si alguna de las intercesiones y los sacrificios en oración sirvieron para algo. Me preguntaba: ¿valió la pena todo eso y algo de eso tuvo un impacto en papá? Me sentí mal por dudar de la misericordia de Jesús cuando sé que la presenciaba ante mis ojos, pero no podía quitarme de encima la pena dolorosa que me estaba conduciendo y tocando un sentimiento de desesperación dentro de mí. Fui a Misa esa mañana con este dolor y esta pregunta en mi corazón. Anhelaba conocer la verdad, y todo lo que deseaba era estar a los pies de Jesús. Literalmente quería poner mi cabeza sobre sus pies porque lo anhelaba, porque lo necesitaba profundamente. Fui tan consciente de esto a lo largo de la Misa que, durante la ofrenda misma, se convirtió en mi ofrenda de mí mismo al Padre, en unión con Jesús.

Una vez que recibí a Jesús en Comunión, me arrodillé y pude sentir las lágrimas llenar mis ojos y comenzar a correr por mis mejillas. Me puse a sus pies y en mi corazón vi la imagen de Jesús arrodillado para mirarme a los ojos. Podía sentir su mirada amorosa penetrando mi corazón, sus ojos llenos de lágrimas reconociendo mi dolor, mi profunda pena y anhelo. Supe en ese momento sin palabras que él compartía esto conmigo, que conocía mi dolor. Luego me tocó suavemente la barbilla para *ponerme de pie* con ternura, con una alegría tan radiante en sus ojos que me sorprendió ver a mi suegro de pie junto a él. Estaba tan abrumado por tal flujo de vida cuando sentí a mi suegro abrazarme en sus brazos con tan profundo amor y gratitud. Invadió mi corazón. Gratitud por cada oración y ofrenda de sufrimiento que hicimos por él no solo a lo largo de los años sino especialmente hasta la hora de su muerte. Que nada fue en vano. Fue tan intenso en ese breve momento, sin embargo, conocía su profundo, profundo entendimiento de todos los sacrificios hechos por él, y en eso, sabía que ahora entendía no solo mi corazón y amor por él, sino también el de mi esposo en una nueva forma. ¡Realmente era un hombre transformado! Me hizo tan humilde. Todo lo que podía hacer era llorar porque mi Señor vino a mí en un lugar tan vulnerable que solo él podía satisfacer. Jesús conocía los detalles de mi corazón y cómo atenderme amorosamente. Sabía en lo más profundo de mi ser que cada oración y sacrificio no solo valía la pena, sino que estaba dispuesto a hacerlo todo de nuevo.

> Jesús quería encontrarme allí; estaba esperando que yo viniera, para invitarlo a mi debilidad y encontrarme con su amor. Me doy cuenta de que solo hay un velo de nuestro lado de este misterio, pero sabiendo en la esencia de mi ser que la realidad de la Comunión de los Santos y el cuerpo místico de Cristo están verdaderamente vivos.

¿No es hermoso? Todo esto comenzó con las oraciones de intercesión por el padre de Lance, seguido por su padre recibiendo la Unción de los Enfermos. En su visión, Nicole probó la realidad del cielo y experimentó directamente la esperanza eterna que viene por la gracia de este sacramento. Nota que ella se sentía desesperada hasta que Jesús la levantó y le mostró las realidades del cielo. Detengámonos aquí a reflexionar sobre todo esto y aplicarlo personalmente.

Tómate un momento

1. ¿Es la resurrección de Jesús real e importante en tu vida diaria? ¿Cómo te ayuda esta realidad a superar la desesperanza y el miedo a la muerte?
2. ¿Has tenido alguna experiencia personal con el sacramento de la Unción de los Enfermos? Si es así, ¿cómo te proporcionó esperanza y sanación a ti o a tus seres queridos?

La muerte es el enemigo final que todos debemos enfrentar (ver 1 Cor 15:26). Si no fuera por la promesa evangélica de vida después de la muerte, la desesperanza y la desesperación serían nuestra última realidad, porque la desesperanza es el fruto inevitable de la muerte y la herida más estrechamente asociada con la muerte misma. Pero Dios nos proporciona un ancla firme de esperanza en la resurrección de Jesús, recordándonos una y otra vez que él ha vencido a la muerte. A lo largo de los siglos, ha continuado demostrando el poder de su vida de resurrección al sanar a los enfermos y resucitar a los muertos.

Podría decirse que la historia de Lázaro es el relato más conocido en la historia de alguien que fue devuelto a la vida. A diferencia de la mayoría de los otros relatos en las Escrituras sobre la resurrección, la historia de la resucitación de Lázaro nos permite experimentar la virtud de la esperanza en medio de la angustia de las hermanas. Cualquiera que haya perdido a alguien cercano por la muerte sabe el dolor desgarrador que viene de perder a la persona que amas, así como la desorientación posterior que se produce. Después de ver a mi hermano Dave enfermar y morir, puedo identificarme fácilmente con María y Marta mientras miraban impotentes a su hermano Lázaro enfermar y luego morir (ver Jn 11)[5]. Jesús también amaba a Lázaro como a un hermano. Puedo imaginarlo profundamente angustiado al escuchar la noticia de que su amigo había muerto después de una enfermedad repentina.

El relato en el Evangelio de Juan comienza con María y Marta enviando un mensaje a Jesús instándolo a que venga pronto: "Señor, el que tú amas está enfermo" (Jn 11:3). Sabían con gran confianza que Jesús podía sanar a su hermano porque vieron a Jesús responder una y otra vez a las peticiones de sanación de otros. Jesús nunca dejó de responder. Pero por alguna razón inexplicable, Jesús se demoró en responder a su súplica. Cuando finalmente llegó varios días después, Lázaro no solo estaba muerto, sino que también había estado en la tumba durante cuatro días. Las hermanas no parecen muy contentas cuando Jesús finalmente apareció. Detecto una mezcla de fe y angustia en las primeras palabras de Marta a Jesús: "Si hubieras estado aquí, mi hermano no habría muerto" (Jn 11:21). Sin embargo, siguió aferrándose a la esperanza: "Pero aun así, yo sé que puedes pedir a Dios cualquier cosa, y Dios te la concederá" (Jn 11:22).

Jesús respondió a Marta: "Tu hermano resucitará" (Jn 11:23). Luego le ofreció la promesa de la esperanza eterna: "Yo soy la resurrección (y la vida). El que cree en mí, aunque muera, vivirá. El que vive, el que cree en mí, no morirá para siempre" (Jn 11,25–26). Marta le creyó a Jesús, pero no captó del todo su intención; ella pensó que Jesús se estaba refiriendo sólo a la resurrección en el último día. Momentos después, su hermana María, entre lágrimas, repetía casi textualmente lo que su hermana había dicho: "Señor, si hubieras estado aquí, mi hermano no habría muerto"

(Jn 11:32). Aparentemente movido con gran afecto y compasión por el dolor de las hermanas, Jesús también se echó a llorar.

Encuentro interesante que Jesús está llorando, sabiendo todo el tiempo que Lázaro resucitará en unos minutos. ¿No es reconfortante saber que Jesús siente profundamente nuestro dolor con nosotros? Nos muestra que Dios no es un espectador distante y desinteresado, sino alguien que se preocupa tiernamente por nosotros en nuestras pérdidas. Esto en sí trae un profundo sentido de esperanza. Aquel que tiene el poder supremo sobre la muerte todavía se compadece de nosotros en nuestras debilidades y comparte nuestros sufrimientos (ver Heb 4:15). Sin embargo, sufre con esperanza, sabiendo que la muerte no tiene poder supremo cuando nos volvemos hacia él.

¿Hay una escena más dramática en los evangelios que esta en la que Lázaro resucita después de cuatro días de descomposición y pestilencia? Quizás las apariciones de la propia resurrección de Jesús se comparan favorablemente, pero aparte de eso, me cuesta pensar en un milagro más convincente en las Escrituras. Aunque he visto a muchas personas sanadas de diversas dolencias, nunca he presenciado personalmente un milagro de esta magnitud, en el que alguien resucita después de haber muerto. ¿Has experimentado algo así? ¿Crees que es posible hoy en día?

Hace un cuarto de siglo, descubrí que es más que posible cuando fui a visitar a mi hermano Bart al Instituto para el Ministerio en Bradenton, Florida. La mayoría de los compañeros de clase de Bart eran misioneros de países extranjeros, y la mayoría había presenciado personalmente y participado en este milagro de resucitar a alguien de entre los muertos. Sí, me escuchaste correctamente. Bart y yo éramos las excepciones. Nos sentimos como niños de jardín de infantes en un salón lleno de personas espiritualmente maduras. Como puedes imaginar, estábamos completamente asombrados mientras escuchábamos atentamente sus historias. Desde entonces, hemos escuchado cientos de otros testimonios como ese en todo el mundo y cientos más de los testimonios de los santos a lo largo de los siglos.

Recientemente, alguien me dio una copia de *Raised from the Dead* [Resucitado de entre los muertos], un libro escrito por el padre Albert

Hebert. En él, el padre Hebert relata los milagros realizados por los santos canonizados y muchos otros que obedecieron el mandato de Jesús: "Sanen enfermos, resuciten muertos . . . y echen los demonios" (Mt 10:8). Nunca había escuchado la mayoría de estos testimonios. Me pregunto cuántas personas en nuestra era conocen estos testimonios.

¿Sabías que algunos de los santos más conocidos, como san Ambrosio—por ejemplo, san Patricio, san Benito, san Bernardo, santa Catalina de Siena, santa Teresa de Ávila, san Francisco Javier y muchos otros en todas las épocas de la Iglesia—oraron para que alguien resucitara de entre los muertos y vieron el milagro ocurrir ante sus propios ojos? Simplemente tomaron la palabra de Jesús y obedecieron su mandamiento: "Sanen enfermos, resuciten muertos".

Algunos, como san Patricio, san Jacinto y san Antonio de Padua, vieron resucitar a cuarenta, cincuenta y cien personas. A través de sus oraciones en la autoridad de Jesucristo, miles más fueron sanados y liberados del mal. En algunos de los relatos, los muertos fueron resucitados solo para ser bautizados o para recibir el sacramento de la Reconciliación antes de que se les permitiera morir nuevamente en paz para que no estuvieran sujetos a la segunda muerte. A los miembros de su familia se les dio la seguridad de su salvación, al igual que Lance y Nicole estaban con el padre de Lance.

¿Te inspiran esos testimonios y aumentan tu fe y esperanza? ¿O te perturban y te hacen cuestionar y dudar? Para mí, estas historias son a la vez inspiradoras y perturbadoras. Me inspira el amor de Dios y la fe de su pueblo. Y estoy seguro de que estos milagros demostraron ser una tremenda fuente de gracia para muchos de los que estaban en el extremo receptor de los milagros y sanaciones y muchos otros que vieron o escucharon sus testimonios. Pero estos testimonios también me muestran lo poco que confío en la bondad y el poder de Dios.

Cuando examino mis propias experiencias a la luz de los santos y otros que confían en Dios en su palabra, veo cuán poca fe tengo y cuánto hemos sido influenciados por un cristianismo posterior a la Ilustración, que intelectualiza nuestra fe mientras niega la fe de Dios y su presencia e intervención poderosa en nuestras vidas. A diferencia de María y Marta, y estos otros santos a lo largo de los siglos, la mayoría de nosotros no *esperamos* que Jesús nos sane a nosotros o a nuestros seres queridos. Y la gran mayoría ciertamente no creemos que resucitará a nadie de entre los muertos. ¿No nos sorprendería a la mayoría si lo hiciera?

Muchos de los testimonios que he escuchado en los tiempos modernos de personas que resucitan de entre los muertos provienen de África, donde este prejuicio posterior a la Ilustración no es tan generalizado. Me encanta cómo el obispo Robert Barron habla sobre este tema: "La Iglesia está creciendo en África, no porque la gente tenga poca educación, sino porque la versión del cristianismo que se ofrece allí es sólidamente sobrenatural . . . El cristianismo africano pone un fuerte énfasis en lo milagroso, en la vida eterna, en la providencia activa de Dios, en la gracia sanadora y en la divinidad de Jesús. Si tal énfasis es ingenuo, entonces todos los autores bíblicos, todos los doctores de la Iglesia y todos los principales teólogos hasta el siglo XIX fueron ingenuos. La razón por la que crece un cristianismo orientado sobrenaturalmente es porque es congruente con los propósitos del Espíritu Santo"[6].

Quizás te preguntes qué quiere decir el obispo Barron cuando habla de los propósitos del Espíritu Santo. El *Catecismo* proporciona una respuesta clara y directa, que es un resumen de las Escrituras y la enseñanza de la Iglesia a lo largo de los siglos: "El deseo y la obra del Espíritu en el corazón de la Iglesia es que vivamos de la vida de Cristo resucitado" (*CIC*, 1091). Continúa diciendo que cada sacramento está destinado por el Espíritu Santo a ser un encuentro con Cristo resucitado.

—~—

¿Hasta qué punto nuestro escepticismo posterior a la Ilustración nos impide ver más sanaciones y milagros en los sacramentos, especialmente en la Unción de los Enfermos, dado a la Iglesia con este propósito expreso? ¿Realmente nos acercamos al sacramento anticipando que Jesús sanará a los enfermos, resucitará a los muertos y echará fuera demonios? ¿O creemos que tenemos que ser misioneros o santos para que eso suceda en nuestro mundo? Me pregunto cuántos de nosotros creemos que es posible que Jesús pudiera hacer esas cosas hoy, pero no queremos hacernos ilusiones solo para decepcionarnos.

¿Qué pasaría si abordáramos la Unción de los Enfermos (y todos los sacramentos) con el tipo de confianza en Jesús que exhibieron María y Marta? Llegaron con un deseo implacable y la esperanza de que Jesús sanaría a su hermano y creyeron que Jesús podría resucitarlo. Creían que Jesús se preocupaba por ellos y por Lázaro y confiaban en que intervendría de alguna manera; de lo contrario, no habrían mandado a buscarlo. Obviamente estaban decepcionados y desconsolados cuando Jesús no llegó allí antes, antes de que su hermano muriera, pero también se entregaron a sus propósitos, para la mayor gloria de Dios.

Dios terminó haciendo mucho más de lo que podrían haber imaginado. ¿Qué pasaría si acudiéramos al sacramento con una postura similar, poniendo nuestra esperanza en Jesús, que es "la resurrección y la vida", y acercándonos a él con un deseo implacable de su intervención? Él siempre hará más de lo que podemos imaginar y, a menudo, más de lo que podemos ver visiblemente con nuestra percepción humana.

La Iglesia cree firmemente "en la presencia vivificante de Cristo, médico de las almas y de los cuerpos" y confía en que Jesús siempre nos está tocando a través de los sacramentos para lograr nuestra sanación (ver *CIC*, 1504, 1509). La Iglesia también reconoce que no todos se sanan milagrosamente, y menos aún resucitan de entre los muertos, de este lado de la muerte. Pero a pesar de todo, la Iglesia cree firmemente en la resurrección de los muertos (ver *CIC*, 1505, 1508).

Los milagros suceden mucho más a menudo de lo que somos conscientes. Pero no todas las intervenciones de Dios son visibles al ojo humano. La sanación está ocurriendo regularmente sin que nos demos cuenta. Esta sanación, liberación y nueva vida que tiene lugar en nuestro espíritu y alma a menudo alcanza las profundidades de nuestro pecado, desesperanza y desesperación. Esta es la primera gracia de la Unción de los Enfermos:

> La gracia primera de este sacramento es una gracia de consuelo, de paz y de ánimo para vencer las dificultades propias del estado de enfermedad grave o de la fragilidad de la vejez. Esta gracia es un don del Espíritu Santo que renueva la confianza y la fe en Dios y fortalece contra las tentaciones del maligno, especialmente *tentación de desaliento y de angustia* ante la muerte. Esta asistencia

> del Señor por la fuerza de su Espíritu quiere conducir al enfermo a la *curación del alma*, pero *también a la del cuerpo*, si tal es la voluntad de Dios. Además, "si hubiera cometido pecados, *le serán perdonados*" (*CIC*, 1520, énfasis añadido).

Estas gracias son las que recibió el padre de Lance cuando fue ungido con el aceite bendito. ¿Fue su milagro algo menor que las cuarenta personas que san Patricio resucitó cuando oró por ellas? Puede parecer menos espectacular para el mundo, pero a los ojos de la fe, es igualmente una "resucitación" en Cristo, de la muerte a la vida.

Las sanaciones y los milagros a menudo aumentan nuestra esperanza, pero no son la *base de nuestra esperanza.* Tenemos otro fundamento más confiable y sólido para nuestra esperanza: la persona, Jesucristo, quien se describe a sí mismo como "la resurrección y la vida". Le dijo a Marta que todo el que cree en él no morirá jamás (ver Jn 11,25–26). Manteniéndonos firmes en esta esperanza, se nos promete una participación en su vida. Todos los que creemos en la Resurrección ya somos "resucitados". Esta es nuestra esperanza. Tomemos un momento para reflexionar más profundamente sobre estos asuntos.

Tómate un momento

1. ¿Crees que el mandato de Jesús de sanar a los enfermos, resucitar a los muertos y expulsar demonios es para ti? Explica.
2. ¿Cuáles son tus reacciones a las historias de los santos que resucitaron a los muertos? ¿Estas historias inspiran fe o dudas en tu corazón? Explica.
3. ¿Qué enseña la Iglesia sobre cómo la Unción de los Enfermos sana las heridas de la desesperanza? ¿Cómo te ha dado esperanza el sacramento?

Meditación en las Escrituras

El siguiente pasaje de Juan 11 es el relato en el que Jesús resucita a Lázaro de entre los muertos. Te animo a reflexionar sobre este pasaje, pidiendo al Espíritu Santo una revelación personal. Léelo tres veces, cada una con un enfoque diferente.

Pídele al Espíritu Santo que te guíe mientras lees y reflexionas sobre este pasaje.

1. Lee el pasaje la primera vez para una comprensión general.
2. Mientras lees lentamente nuevamente por segunda vez, ponte en el lugar de una o ambas hermanas y pon atención a lo que experimentas. Luego anótalo en un diario.
3. Mientras lo lees por tercera vez, identifícate con Jesús esta vez. Pon atención a lo que piensas, sientes y deseas, y luego registra estas percepciones.

Jesús resucita a Lázaro de entre los muertos

"Cuando llegó Jesús, Lázaro llevaba ya cuatro días en el sepulcro. Betania está a unos tres kilómetros de Jerusalén, y muchos judíos habían ido a la casa de Marta y de María para consolarlas por la muerte de su hermano. Apenas Marta supo que Jesús llegaba, salió a su encuentro, mientras María permanecía en casa. Marta dijo a Jesús: 'Si hubieras estado aquí, mi hermano no habría muerto. Pero aun así, yo sé que puedes pedir a Dios cualquier cosa, y Dios te la concederá'. Jesús le dijo: 'Tu hermano resucitará'. Marta respondió: 'Ya sé que será resucitado en la resurrección de los muertos, en el último día'. Le dijo Jesús: 'Yo soy la resurrección (y la vida). El que cree en mí, aunque muera, vivirá. El que vive, el que cree en mí, no morirá para siempre. ¿Crees esto?'. Ella contestó: 'Sí, Señor; yo creo que tú eres el Cristo, el Hijo de Dios, el que tenía que venir al mundo'. Después Marta fue a llamar a su hermana María y le dijo al oído: 'El Maestro está aquí y te llama'. Apenas lo oyó, María se levantó rápidamente y fue a donde él. Jesús no había entrado aún en el pueblo, sino que seguía en el mismo lugar donde Marta lo había encontrado. Los judíos que estaban con María en la casa consolándola, al ver que se levantaba deprisa y salía, pensaron que iba a llorar al sepulcro y la siguieron. Al llegar María a donde estaba Jesús, en cuanto lo vio, cayó a sus pies y le dijo: 'Señor, si hubieras estado aquí, mi hermano no habría muerto'. Al ver Jesús el llanto de María y de todos los judíos que estaban con ella, su espíritu se conmovió profundamente y se turbó. Y preguntó: '¿Dónde lo han puesto?'. Le contestaron: 'Señor, ven a ver'. Y Jesús lloró. Los judíos decían: '¡Miren cómo lo amaba!'. Pero algunos dijeron: 'Si pudo abrir los ojos al ciego, ¿no podía haber hecho algo para que éste no muriera?'. Jesús, conmovido de nuevo en su interior, se acercó al sepulcro. Era una cueva cerrada con una piedra. Jesús ordenó: 'Quiten la piedra'. Marta, hermana del muerto, le dijo: 'Señor, ya tiene mal olor, pues lleva cuatro días'. Jesús le respondió: '¿No te he dicho que si crees verás la gloria de Dios?'. Y quitaron la piedra. Jesús levantó los ojos al cielo y exclamó: 'Te doy gracias, Padre, porque me has escuchado. Yo sabía que siempre me escuchas; pero lo he dicho por esta gente, para que crean que tú me has enviado'. Al decir esto, gritó con fuerte voz: '¡Lázaro, sal fuera!'. Y salió el muerto. Tenía las manos y los pies atados con vendas y la cabeza cubierta con un sudario. Jesús les dijo: 'Desátenlo y déjenlo caminar'" (Jn 11,17–44).

Oremos

La desesperanza es fruto de la muerte espiritual. Todos tenemos heridas de desesperanza en nuestras vidas: áreas en las que hemos sido separados del amor que deseamos, donde nuestros sueños se han visto frustrados y donde no vemos que algo bueno se avecina en el horizonte. La resurrección de Jesús trae esperanza a estas áreas de nuestro corazón. En la siguiente experiencia de oración, te animo a invitar al Espíritu Santo a transformar un área específica de desesperanza en tu vida. Pídele a Jesús resucitado que esté presente contigo ahora, recordando que el "deseo y la obra del Espíritu . . . es que vivamos de la vida de Cristo resucitado" (*CIC*, 1091).

1. Pídele al Espíritu Santo que te revele un área en la que hayas experimentado desesperanza.

2. Luego, invita a Jesús a que te muestre lo que desea que sepas en esta área de tu vida (escucha con tu corazón y registra lo que "oyes" de él. Puede ser revelado a través de un pensamiento, imagen, deseo o sentimiento).
3. ¿Qué te está revelando Jesús en la situación? Prueba lo que recibes. Si es de Jesús, notarás los frutos: amor, alegría, paz y esperanza. Regresa a la experiencia anterior que te hizo sentir desesperanzado y observa si hay más esperanza.
4. Continúa con esta oración, con el tiempo, hasta que tu desesperanza se transforme en un sentido duradero de esperanza en esta área de tu vida.
5. Termina la oración agradeciendo a Jesús por su vida de resurrección y por traer esa vida dentro de ti.

CONCLUSIÓN

Su poder divino nos ha dado todo lo que necesitamos para la vida y la piedad.

2 Pedro 1:3

Puede parecer una comparación extraña, pero *El rey león* es una representación original del mensaje del Evangelio y una forma adecuada de resumir mucho de lo que he tratado de comunicar en las páginas anteriores. Como muchas buenas películas con un tema redentor[1], despierta en nosotros un anhelo por nuestra misión final y nos llama a nuestra verdadera identidad, después de una sanación y transformación muy necesarias.

En la versión animada de la película, el personaje principal, Simba, es un león joven e hijo de Mufasa, el rey león. Él es el heredero legítimo del trono de su padre. Pero después de la trágica muerte de su padre a manos del malvado Scar, Simba pierde el contacto con su identidad. Scar le miente sobre quién es, culpándolo por la muerte de su padre e hiriéndolo profundamente (Simba experimenta las siete heridas mortales). Destinado a seguir los pasos de su padre como el rey león, Simba termina huyendo de su vocación más alta y se encuentra en una tierra de felicidad ilusoria cantando canciones sin sentido de autocomplacencia: "Hakuna Matata", que significa: "No te preocupes y sé feliz".

Simba representa a cada uno de nosotros, que somos hijos del Padre y coherederos con el León de Judá (ver Rom 8,14–17; Ap 2:26). Como hemos hablado a lo largo de este libro, cada uno de nosotros estamos llamados de manera personal y única a embarcarnos en este viaje para descubrir nuestra verdadera identidad como descendientes del Rey. Pero como Simba, olvidamos quiénes somos y huimos de nuestro llamado, gastando nuestro precioso tiempo viviendo desde un falso yo, en una ilusoria "tierra feliz". Eventualmente, descubrimos que la "tierra feliz" es en realidad una "villa vacía". Pero, al igual que Simba, no conocemos el camino a casa. Necesitamos una guía en nuestras vidas (el Espíritu Santo) que nos devuelva a nuestros sentidos y nos recuerde nuestra verdadera identidad y nuestra auténtica misión.

En una de las escenas culminantes de la película, el mono Rafiki, que representa al Espíritu Santo, viene a buscar a Simba para llevarlo de regreso a su tierra natal. Pero primero debe lograr una transformación de su corazón *recordándole* su verdadera identidad y vocación. Después de un viaje largo y sinuoso, a través de mucha maleza y superando muchos obstáculos, Rafiki lleva a Simba a un estanque donde lo animan a mirar su reflejo en "el espejo". Mientras se mira profundamente a sí mismo, Simba ve el reflejo de su padre, el rey león. Y en ese mismo momento escucha la voz de su padre desde el cielo retumbando estas palabras: "Acuérdate de quién eres".

Como puedes imaginar, este es el punto de inflexión en la vida de Simba y el comienzo de su reinado como rey de la tierra. Rafiki lo anima a dejar atrás el pasado y mirar con esperanza al futuro. Cuando finalmente regresa a su tierra natal, Simba salva a su pueblo de las garras malvadas de Scar y sus compañeros. El reino se transforma de las tinieblas a la luz, de las garras de la muerte a la libertad de la vida.

—~—

El rey león es un hermoso ejemplo de cómo las películas pueden llegar al corazón de todas las generaciones. A los sacerdotes que asistieron a nuestra reciente conferencia *Holy Desire* [Santo deseo] les encantó la película tanto como a mis nietos, que la han visto varias veces. Después de enterarme de que tomamos prestada su película para mostrársela a los sacerdotes, mis nietos Jack y Luke (de nueve y siete años en ese momento) me preguntaron si a los sacerdotes les gustó la película y "entendieron" (es decir, entendieron el simbolismo espiritual). Luego empezaron a explicarme a quién representaba cada uno de los personajes y qué significaba la película para cada uno de nosotros.

Me dijeron que Mufasa representaba al Padre y a Jesús, y Simba representaba a Jesús y a cada uno de nosotros. Se rieron al pensar en el mono Rafiki siendo como el Espíritu Santo, y fácilmente identificaron al malvado Scar como la representación de Satanás, el padre de toda mentira. Me dijeron que las hienas eran como demonios, y otros personajes representaban ángeles que son enviados para protegernos. Incluso entendieron que Simba tenía que recordar quién era antes de poder cumplir su papel como el rey león. Me senté asombrado escuchándolos y luego agregué algunas ideas que no habían considerado.

Les dije que la escena donde Simba vio su reflejo en el estanque era como el Bautismo de Jesús, donde el Padre habló desde el cielo: "Tú eres mi Hijo, el Amado, mi Elegido" (providencialmente, este era el evangelio de ese día en la iglesia y hablaron de él en la iglesia de niños). Cuando les pregunté si entendían que estas palabras también eran para ellos, me pidieron que les explicara. Les dije que todos los sacramentos en nuestras vidas son como el Bautismo de Jesús. "A través del sacerdote, el Padre otorga su bendición sobre nuestras vidas, tal como lo hizo con Jesús. Cuando oramos y leemos las Escrituras, escuchamos al Padre hablar a nuestros corazones. Eso significa, Jack y Luke, que ustedes son los amados del Padre, como Jesús y como Simba. ¡Ustedes son los reyes leones! Jesús vive en ustedes y están llamado a hacer grandes cosas con su vida. ¡Acuérdense de quiénes son!".

Si bien me di cuenta de que disfrutaban escuchándome recordarles estas realidades, ya sabían la mayor parte de lo que les dije porque está escrito en sus corazones. Sus padres, hermanos, tíos, abuelos y maestros les han estado diciendo este tipo de cosas desde que nacieron. Todavía son jóvenes, y aunque ya han sido heridos por las mentiras del enemigo, todavía tienen la firme esperanza de que harán algo grande con sus vidas. No han perdido de vista su verdadera identidad ni han perdido la confianza en la bondad del Padre. Estoy profundamente agradecido de que nuestros hijos hayan pasado a nuestros nietos el mayor de todos los regalos.

—ɱ—

Transmitir nuestra fe de generación en generación es de vital importancia. Cuando pienso en esto en mi vida, me doy cuenta de cómo yo también recibí bendiciones de mi identidad y llamado de mis abuelos y padres a lo largo de mi vida. Mi abuela Margaret fue la primera persona en mi vida en decirme que iba a ser escritor (tenía más o menos la edad de Luke y Jack). Cuando le di una copia autografiada y firmada de mi primer libro unos cincuenta años después, le recordé su aliento. A los noventa y siete años, todavía se mantiene fuerte y sigue afirmando mi identidad y mi vocación. Mi abuelo también fue un gran animador antes de morir a la avanzada edad de noventa y tres años.

Mis padres todavía están vivos, y ambos son grandes animadores en mi vida. Estoy agradecido con Dios por la sanación en nuestra familia que permite que incluso nuestro quebrantamiento revele su gloria. En los últimos años, tanto mi mamá como mi papá han venido a nuestras conferencias y han dado breves testimonios sobre la bondad y la redención de Dios. Y hasta el día de hoy nunca dejan de orar por nosotros ni de alentarnos. Hace solo unos minutos, mientras oraba para terminar este libro, recibí una llamada telefónica de mi mamá, interrumpiéndome en medio de la escritura. Ella dijo: "Estaba orando y reflexionando sobre estas palabras de mi devocional. Sentí que necesitaba llamarte de inmediato porque, mientras leía esta reflexión, parecía que podría encajar en tu libro". Confié en que debía haber sido el Espíritu Santo hablando a través de ella porque, en ese momento, mi mamá no sabía lo que estaba escribiendo.

Esto es lo que ella compartió conmigo en su devocional del padre Thomas Keating. Te dejaré ser el juez si esto proporciona un buen espejo para que recuerdes quién eres en Cristo:

> La voluntad de Dios para nosotros es manifestar la bondad y la ternura infinita de Dios en nuestras vidas en este momento. La tradición cristiana no es simplemente una transmisión de varias doctrinas y rituales. Es la transmisión de "la experiencia de Cristo vivo", revelada en las Escrituras, preservada en los sacramentos, recibida en cada acto de oración y presente de manera especial en los grandes acontecimientos de nuestra vida. Si estamos abiertos y disponibles a esta presencia, nuestra vida se transformará. El camino espiritual es una lucha por estar cada vez más disponibles para Dios y superar los obstáculos a ese proceso de transformación. El evangelio no es simplemente una invitación a ser una mejor persona. Es una invitación a volverse divino. Nos invita a compartir la vida interior de la Trinidad[2].

Mientras mi mamá me leía esas palabras por teléfono, no podía creer cuánto expresaban lo que quería transmitir para concluir este libro. Como señaló el padre Keating, el cristianismo es una transmisión de la "experiencia del Cristo vivo". Su presencia permanente se transmite a través de los sacramentos, más plenamente en la Sagrada Comunión. Llegamos a conocerlo más íntimamente a través de las Escrituras y en cada acto de oración auténtica. Nuestro camino es una lucha, con muchos obstáculos (el pecado y las heridas mortales) que deben ser sanados. Pero si nos sometemos y nos ponemos a nuestra disposición, asumiremos la vida y la identidad de Cristo como propias, y tomaremos nuestra parte en su misión de llevar a toda la humanidad a esa comunión con la Trinidad.

La pregunta que cada uno de nosotros tenemos que hacernos es esta: ¿estoy dispuesto a permitir que el Padre me bendiga de esta manera y a permitirle desarraigar las maldiciones en mi vida para que yo pueda reflejar más plenamente su gloria?

Al terminar aquí, dediquemos un momento final para reflexionar sobre lo que hemos hablado a lo largo del libro y en esta conclusión. Te invito a dedicar un tiempo meditando en este pasaje de 2 Pedro 1. Por fin, la experiencia de oración al final es un resumen de los puntos principales que abordamos a lo largo del libro. Ora con frecuencia para recordar quién eres en Cristo. Porque, como nos exhortó a todos san Juan Pablo II: "Tú no eres la suma de tus debilidades o tus fracasos. Tú eres la suma del amor del Padre por ti y tu capacidad real de convertirte en imagen de su Hijo"[3].

Tómate un momento

1. Repasa el libro y anota cada uno de los capítulos del título. Menciona las heridas mortales y los sacramentos que dan vida de los que se habla en esos capítulos. ¿Qué te dicen estos títulos sobre tu sanación, tu identidad y tu misión en Cristo?
2. ¿Qué preguntas de reflexión de "Tómate un momento", meditaciones bíblicas y actividades de oración tuvieron el mayor impacto en la forma en que entiendes a Dios, a ti mismo y a tu misión?

3. ¿Cómo ha cambiado tu comprensión de los sacramentos? ¿Cómo ha impactado esto en tu relación con Jesús? Sé específico.

Meditación en las Escrituras

El siguiente pasaje bíblico de 2 Pedro 1 es a el que se hace referencia anteriormente en el devocional del padre Keating. Proporciona un contexto general y una oportunidad para que entres más profundamente en estas ideas mientras reflexionas sobre tu identidad en Cristo. ¡Observa la bendición! Lee el pasaje tres veces, tomando notas y registrando lo que el Espíritu Santo te está revelando cada vez.

Participantes de la naturaleza divina

"Que la gracia y la paz se les aumenten de día en día junto con el conocimiento de Dios y de Jesús, nuestro Señor. Su poder divino nos ha dado todo lo que necesitamos para la vida y la piedad, en primer lugar el conocimiento de Aquel que nos ha llamado por su propia gloria y fuerza. Por ellas nos ha concedido lo más grande y precioso que se pueda ofrecer: ustedes llegan a ser partícipes de la naturaleza divina, escapando de los deseos corruptores de este mundo . . . Por lo tanto, hermanos, esfuércense por confirmar el llamado de Dios que los ha elegido. Si obran así, no decaerán, 11 y se les facilitará generosamente la entrada al reino eterno de nuestro Señor y Salvador, Cristo Jesús" (2 Pe 1,2–4. 10–11).

Oremos

La siguiente oración es una compilación de todo lo que hemos hablado. Implica que renuncies a la falsa identidad asociada con cada una de las heridas mortales y una proclamación de tu verdadera identidad, basada en los sacramentos y afirmada en las Escrituras. Mientras renuncias y proclamas en oración, permite que estas realidades penetren en tu mente y tu corazón. Invita al Padre, a Jesús y al Espíritu Santo a que te llenen, mientras bloqueas al padre de toda mentira y sus demonios para que no te mientan. Te animo a escribir esta oración y llevarla contigo para que puedas orar con ella con frecuencia. Nota cómo la oración está organizada alrededor de las siete heridas mortales, los sacramentos de la sanación y las nuevas identidades en Cristo que reflejan nuestra unidad con él (ver la tabla en la página 30).

El amor del Padre sana el rechazo
En el nombre de Jesucristo, renuncio a la mentira de que no soy amado ni digno de ser amado.

En el nombre de Jesús, anuncio la verdad de que, en virtud de mi Bautismo, soy un hijo o hija amado del Padre. Anuncio la verdad de que soy amado y valorado, querido y deseado, y que soy precioso a los ojos del Padre.

La presencia permanente de Jesús sana el abandono
En el nombre de Jesucristo, renuncio a la mentira de que estoy solo, desprotegido y que Dios me ha abandonado.

En el nombre de Jesús, anuncio la verdad de que Jesús vive y permanece en mí en virtud de que lo recibo en la Sagrada Comunión. Estoy conectado, entendido y cuidado. Jesús y la Comunión de los Santos están siempre conmigo.

El poder del Espíritu Santo sana la impotencia
En el nombre de Jesucristo, renuncio a la mentira de que soy impotente, débil, incapaz, atascado, atrapado o indefenso. Renuncio a la mentira de que soy una víctima y no puedo cambiar.

En el nombre de Jesús, anuncio la verdad de que he sido ungido en la Confirmación con el poder del Espíritu Santo para participar en la misión de Cristo, por lo tanto, "Todo lo puedo en aquel que me fortalece" (Fil 4:13) .

La sumisión de Jesús a la autoridad del Padre sana la confusión

En el nombre de Jesucristo, renuncio a la mentira de que todo es caótico y confuso y que depende de mí resolver las cosas por mi cuenta.

En el nombre de Jesús, anuncio la verdad de que Jesús me ha mostrado el camino hacia el Padre. Reclamo su orden divino a través de la Iglesia, a través del sacramento del Orden Sagrado, y confío en esta autoridad para revelar la verdad y guiar mi camino.

El amor fiel de Jesús sana el miedo
En el nombre de Jesucristo, renuncio a la mentira de que si confío seré herido, desilusionado o moriré. Renuncio a todo temor, ansiedad, desconfianza y desconfianza.

En el nombre de Jesús, anuncio la verdad de que en Cristo el amor perfecto echa fuera todo temor. Anuncio la verdad de que estoy seguro en el amor fiel de Jesús, que se manifiesta en el sacramento del Matrimonio.

La pureza de Jesús sana la vergüenza
En el nombre de Jesucristo, renuncio a la mentira de que soy malo, sucio, feo, estúpido, inútil, pervertido y (incluye cualquier área de lucha).

En el nombre de Jesús, anuncio la verdad de que Jesús murió por mis pecados y heridas y que soy perdonado, lavado, limpiado, justificado y aceptado (ver 1 Cor 6). Anuncio la verdad de que, a través del sacramento de la Reconciliación, Jesús me lava y perdona mis pecados; por lo tanto, en Jesús soy puro e inmaculado.

La vida de resurrección de Jesús sana la desesperanza
En el nombre de Jesucristo, renuncio a la mentira de que nada cambia nunca y nunca tendré lo que quiero. Renuncio a la mentira de que mi vida no tiene sentido y que no tengo nada por qué vivir.

En el nombre de Jesús, anuncio la verdad, revelada en la Unción de los Enfermos, que mi esperanza es firme en Cristo, y que he sido resucitado a la vida en él. Mi última esperanza está en la resurrección de los muertos y la vida eterna con la Trinidad y la Comunión de los Santos (ver Jn 21:5).

Todo esto lo pido en el nombre poderoso del Padre, del Hijo y del Espíritu Santo. Amén.

RECONOCIMIENTOS

Cada libro está inspirado en una vida de relaciones e influencias que dan forma a lo que somos como personas. Estoy agradecido con Dios por cada uno de ustedes en mi vida que me ha ayudado a formarme.

Margie, gracias por tu apoyo y amor durante todos estos años. Tienes el mismo corazón amable y generoso que el día que te conocí. Estoy agradecido por nuestro sacramento que nos ha sostenido para que podamos disfrutar juntos de nuestra hermosa familia todos estos años. Carrie y Kristen, han sido una fuente de gran alegría desde el momento en que nacieron. Me regocijo en todo lo que hemos compartido juntos, incluidos todos los sacramentos que hemos compartido. Estoy agradecido de que estos sean tan importantes para ustedes y sus familias. Duane y Stephen, ustedes son las respuestas a nuestras oraciones de toda la vida por nuestras hijas. Gracias a ambos por ser buenos hombres que aman a Dios y desean vivir fielmente los sacramentos. Anna, Drew, Ryan, Jack, Luke, Lily, Elle y Will, ¿cómo pueden los abuelos describir el amor que les tenemos a ustedes, nuestros nietos? Cada uno de ustedes es tan singularmente dotado y hermoso. Mi corazón se llena de amor al pensar en cada uno de ustedes. Estoy profundamente agradecido a sus padres y a ustedes, que tienen a Jesús y sus sacramentos en el centro de sus vidas.

Mamá y papá, gracias por el amor y la afirmación y por guiarnos a encontrar nuestra identidad y nuestra misión en Cristo. Gracias también por presentarnos la vida de resurrección de Cristo en los sacramentos. Dave, Kathy, Lauren, Wayne, Bart, Margaret, Rich, Missy y Paul, y a sus cónyuges e hijos, todos ustedes han enriquecido mi vida de muchas maneras. Gracias por quienes son y por su amor a Dios y a los demás. A todos mis suegros, abuelos, tíos, primos y amigos a lo largo de los años, cada uno de ustedes ha sido una parte integral de mi vida. Gracias por tu amor. Los amo a cada uno de ustedes.

A todo nuestro personal, junta, voluntarios, intercesores, compañeros de ministerio y simpatizantes del Centro de Sanación Juan Pablo II: Los amo y aprecio a cada uno de ustedes. Gracias a cada uno de ustedes por vivir la profundidad de sus sacramentos con amor genuino por Jesús.

Estoy agradecido por su aliento y por caminar juntos este camino, para traer la transformación en el corazón de la Iglesia.

Para todos los que aceptaron dejarme compartir sus historias en este libro, gracias. Oro para que su humilde testimonio no solo glorifique a Dios, sino que también dé esperanza a muchos otros. Ustedes han sido grandes testigos del poder sanador de los sacramentos.

Muchas personas han tenido una influencia directa en el desarrollo de este libro, ninguna más que mi editora en Ave Maria Press, Kristi McDonald. Kristi, como te he dicho personalmente, eres una editora talentosa y has hecho que este libro sea mucho mejor de lo que sería sin ti. Mi gratitud también se dirige a todas las buenas personas de Ave Maria Press que participaron en el desarrollo y la promoción de este libro.

También quiero agradecer a cada uno de ustedes que se tomó el tiempo de leer y dar su opinión sobre los borradores anteriores de este libro a lo largo del camino: Carrie, Kristen, Stephen, Anna, Ken, Bart, mamá, Kim, Judy, el padre Michael, el padre Tom, la hermana Caritas, la hermana Mary Peter, Ray, Jim, Lois, Lance, Nicole, John, Krista, Terese, Kaitlin, Ellie y Corinne. Y de la misma manera a aquellos que amablemente aceptaron revisar y ofrecer su apoyo a este libro: Audrey, Christopher, la hermana Miriam, Paul, Mary y el padre Dave. Agradezco su aliento y su testimonio vivo del poder transformador de los sacramentos. Cada uno de ustedes encarna un aspecto único de la identidad y misión de Jesús, y se han dedicado a ser conductos de su presencia sanadora.

Finalmente, como mencioné al principio, este libro está dedicado a san Juan Pablo II, cuyo testimonio y obra me han formado a mí y a millones de personas en todo el mundo. Sus ideas se reflejan a lo largo de este libro. Gracias, Juan Pablo, por tus inspiradoras reflexiones sobre la naturaleza de la humanidad redimida y tu santo ejemplo de vida. Encarnaste esta realidad del poder sanador de los sacramentos y permitiste ser transformado por el Espíritu Santo obrando a través de ti, hasta tu último aliento, y más allá.

Gloria al Padre, al Hijo y al Espíritu Santo. ¡Amén!

NOTAS

Introducción

1. En la versión original en inglés, el acrónimo HIM es una adaptación de uno que se enseña en el Instituto para la Formación Sacerdotal. Utiliza el acrónimo RIM: Relaciones, Identidad y Misión. Estoy agradecido con el padre Chris Celantanno por la inspiración cuando presentó RIM en una misión parroquial en la iglesia católica Good Shepherd (en Tallahassee, Florida) en febrero de 2016.

2. Juan Pablo II, *Dominum et vivificantem* (Sobre el Espíritu Santo), 67.

3. Concilio Vaticano II, *Gaudium et spes* (Sobre la Iglesia en el mundo actual), 22.

4. Ibídem, 24.

1. Rostros descubiertos

1. Papa Francisco, *Misericordiae vultus* (El rostro de la misericordia), Bula de Convocación del Año Extraordinario de la Misericordia, 11 de abril de 2015.

2. Jacques Philippe, *Interior Freedom* (Nueva York: Scepter Publisher, 2007), 122.

3. Papa Francisco, *La rigidez es señal de un corazón débil*, 15 de diciembre de 2014, http://en.radiovaticana.va.

4. Philippe, *Interior Freedom*, 124.

5. Francisco, homilía (con anuncio del año de la misericordia), 3 de marzo de 2015, http:// en.radiovaticana.va/news/pope-francis/homilies.

6. Esta es una adaptación de una oración del doctor Karl Lehman. Puedes encontrar más información sobre los juicios y otras oraciones en su sitio web: kclehman.com.

2. Las poderosas bendiciones de Dios

1. Neal Lozano, *Unbound* (Grand Rapids, MI: Chosen Book, 2010), 108.

2. Ibídem, 109.

3. Masaru Emoto, *The Hidden Messages in Water* (Nueva York: Atria Books, 2004).

4. John Eldredge, *Waking the Dead* (Nashville, TN: Thomas Nelson Publishers, 2003), 152–155.

5. Juan Pablo II, *Dominum et vivificantem* (Sobre el Espíritu Santo), 33.

6. Propongo a lo largo de este libro que Adán y Eva experimentaron los efectos de estas siete heridas mortales. Jesús tomó estas maldiciones sobre sí mismo en la cruz y compartió nuestro sufrimiento con las siete heridas mortales. Consulta los capítulos 7 y 8 de *Sé sanado* para obtener más información sobre esto.

7. Como mencioné en *Sé sanado,* el doctor Ed Smith presentó una lista de ocho heridas en el apéndice de su libro *Beyond Tolerable Recovery.* Esta lista de heridas resonaba con mi propia experiencia acompañando a la gente durante muchos años. Modifiqué su lista a siete heridas mortales para que fueran paralelas a los siete pecados capitales y los siete sacramentos de la Iglesia. No estoy sugiriendo que esta sea la única forma de categorizar nuestras heridas o las mentiras asociadas con ellas. Pero encuentro útil hablar de nuestras heridas de una manera organizada y concisa como esta.

8. Como hablamos en nuestras conferencias de *Healing the Whole Person*, las heridas son la tierra fértil desde la cual se conciben los pecados, pero también son el resultado de los pecados. La segunda es más obvia. Si alguien peca contra mí, es probable que experimente miedo, impotencia, rechazo, etcétera. Pero no es tan obvio que mi ira o lujuria puedan ser alimentadas por estas mismas heridas. Recuerda la observación de san Juan Pablo II: la raíz del pecado está en la mentira, que es una negación de la bondad del Padre.

9. Dave Pivonka, T.O.R., *Breath of God: Living a Life Led by the Holy Spirit* (Notre Dame, IN: Ave Maria Press, 2015), 114.

3. El amado del Padre

1. Esther Katz, "Sanger, Margaret" (American National Biography Online, febrero de 2000), http://www.anb.org/articles/15/15-00598.html; Biography.com Editors, "Margaret Sanger Biography" (A&E Television Networks, 8 de julio de 2014), http://www.biography.com/people/margaret-sanger-9471186; biografía de Margaret Sanger, American National Biography en línea, http://www.anb.org/arti-cles/15/15-00598.html.

2. "Margaret Sanger" (PBS Online, 2001), http://www.pbs.org/wgbh/amex/pill/peopleevents/p_sanger.html.

3. Margaret Sanger, "The Eugenic Value of Birth Control Propaganda", *Birth Control Review*, octubre de 1921, 5; "Margaret Sanger, Racist Eugenicist Extraordinaire" (*Washington Times*, 5 de mayo de 2014), http://www.washingtontimes. com/news/2014/may/5/grossu-margaret-sanger-eugenicist/.

4. Margaret Sanger, "The Woman Rebel: No God's, No Masters" (marzo de 1914, 1, 8, 16); Diane Drew, "Margaret Sanger, In Her Own Words", www.Dianedrew.com/sanger/htm; *The Autobiography of Margaret Sanger* (Mineola, NY: Dover Publications Inc., 1971).

5. Kimberly Hahn, *Life-Giving Love* (Ann Arbor, MI: Servant Publications, 2001), 54.

6. El Centro Madre Teresa de Calcuta, www.motherteresa.org.

7. Raniero Cantalamessa, *Sober Intoxication of the Spirit* (Cincinnati, OH: Servant Books, 2005), 42.

8. Para conocer lo que la Biblia y la Iglesia enseñan sobre el Bautismo, consulta Jn 3:5; Hechos 2:38; 2 Cor 5:17; Rom 6,3–4; Ti 3:5; *CIC*, 1213, 1234–1245 y 1262–1274.

9. El *Catecismo de la Iglesia Católica,* 1250, establece: "Puesto que nacen con una naturaleza humana caída y manchada por el pecado original, los niños necesitan también el nuevo nacimiento en el Bautismo para ser librados del poder de las tinieblas

y ser trasladados al dominio de la libertad de los hijos de Dios, a la que todos los hombres están llamados. La pura gratuidad de la gracia de la salvación se manifiesta particularmente en el bautismo de niños. Por tanto, la Iglesia y los padres privarían al niño de la gracia inestimable de ser hijo de Dios si no le administraran el Bautismo poco después de su nacimiento".

10. Ignacio de Loyola, *Los ejercicios espirituales de san Ignacio,* traducido por Anthony Mottola (Nueva York: Image Books, 1964), 129–134; William Watson, S.J., *Forty Weeks: An Ignatian Path to Christ with Sacred Story Prayer* (Seattle: Sacred Story Press, 2013), 216, 217.

11. Henri Nouwen, *Life of the Beloved* (Nueva York: Crossroad Publishing Co., 1992), 33.

4. Presencia permanente

1. Juan Pablo II, *Hombre y mujer los creó: una teología del cuerpo*, traducido por Michael Waldstein (Boston, MA: Pauline Books and Media, 2006), 9:2.

2. Juan Pablo II, Jornada Mundial de la Juventud 2000 (Roma), homilía de la Misa de conclusión, 20 de agosto de 2000.

3. Juan Pablo II, Jornada Mundial de la Juventud 2000 (Roma), homilía de la Misa de conclusión, 20 de agosto de 2000.

4. Francisco, homilía en la Misa dominical, 1 de diciembre de 2013, reportada por Kerri Lenartowick, Catholic News Agency, www.catholicnewsagency.com/news/christian-life-is-a-path-of-encountering-jesus-preaches-pope.

5. Consulta el capítulo 9 de *Sé sanado*, en el que comparto historias de sanación a través de la Eucaristía.

6. Thomas Keating, *The Daily Reader for Contemplative Living* (Nueva York: Continuum International Publishing Group, 2009), 46.

7. Esta es una versión modificada del proceso de oración contemplativa atribuida al doctor Karl Lehman, un psiquiatra cristiano. Consulta ImmanuelApproach.com.

5. Ungido con poder

1. Consulta John y Staci Eldridge, *Captivating* (Nashville, TN: Thomas Nelson Publisher, 2005), 46–59, para una conversación sobre estas dinámicas.

2. La Iglesia llama a esta debilidad concupiscencia, siguiendo 1 Juan 2:16: lujuria de la carne, lujuria de los ojos y la vanagloria de la vida.

3. Todo esto se describe con más detalle en el capítulo 1 de *Sé sanado*

4. John Eldridge, en su libro *Wild at Heart* (Nashville, TN: Thomas Nelson Publisher, 2001), dice que todos los niños pequeños tienen esta pregunta: "¿Tengo lo que se necesita?". Cuando un niño tiene una "herida paterna", esta búsqueda se intensifica aún más.

5. Esta experiencia se describe en detalle en el capítulo 1 de *Sé sanado.*

6. Mary Healy, *Healing* (Huntingdon, IN: Our Sunday Visitor, Inc., 2015), 28.

7. Raniero Cantalamessa, *Come, Creator Spirit* (Collegeville, MN: Liturgical Press, 2003), 153.

8. George T. Montague, S.M., *Holy Spirit, Make Your Home in Me* (Ijamsville, MD: The Word Among Us Press, 2008), 154.

6. La autoridad del Padre

1. Para aquellos interesados en más de la historia de fondo de esto, consulta el capítulo 2, "El maestro bueno", en mi libro *Sé sanado.*

2. Juan Pablo II, *Crossing the Threshold of Hope* (Nueva York: Alfred A. Knopf, 1994), 228; énfasis añadido.

3. Ignacio de Antioquía, en William Jurgens, *The Faith of the Early Fathers*, tomo 1 (Collegeville, MN: Liturgical Press), 17–25.

4. Para obtener más información sobre esto, consulta "Beloved sons to Faithful Fathers" en el conjunto de CD para sacerdotes, seminaristas y diáconos en www.jpiihealingcenter.org. Es la primera charla de una serie de tres partes titulada *Sharing in Jesus' Humanity and Priesthood.*

5. Este es un seudónimo para proteger la confidencialidad del sacerdote.

6. Conferencia de Obispos Católicos de los Estados Unidos, Programa para la Formación Sacerdotal, sección 23.

7. Gregorio Nacianceno, citado en el *Catecismo de la Iglesia Católica*, 1589.

7. El amor fiel de Dios

1. Juan Pablo II, *Familiaris Consortio* (La familia en el mundo actual), secciones 11, 14, 17 y 18.

2. James Friesen, James Wilder, et al., *The Life Model* (Pasadena, CA: Shepherds House Inc., 2004), 28, 31.

3. Ibídem.

4. Para más información sobre los votos internos, consulta el capítulo 7, "Anatomía de una herida", en *Sé sanado.*

5. Cuento esta historia en los capítulos 1 y 9 de *Sé sanado.*

6. Consulta *Unveiled: Discovering the Great Mystery in Your Marriage*, página 14(libro de trabajo y CD disponibles en www.jpiihealingcenter.org).

8. Puro e inmaculado

1. Merriam-Webster.com/dictionary/shame, 1, 2 (v.d.t.).

2. Juan Pablo II, *Hombre y mujer los creó: una teología del cuerpo*, 16:3.

3. Ibídem, 12:4.

4. Cantalamessa, *Come, Creator Spirit,* 116.

5. Ibídem.

6. Juan Pablo II, *La reconciliación y la penitencia*, citado en el *Catecismo de la Iglesia Católica*, 1469.

7. Le di a Hank una copia del libro *The Peacemaker* de Ken Sande (Grand Rapids, MI: Baker Books, 1991). El capítulo 6 describe las partes de una buena confesión: (1) enfrentar directamente al herido, (2) asumir toda la responsabilidad, (3) arrepentirse tanto de las actitudes como de los comportamientos incorrectos, (4) abordar el dolor causado al herido, (5) hacer un compromiso firme con el cambio, (6) aceptar las consecuencias de nuestros errores y hacer restitución cuando sea posible, y (7) luego humildemente pedir perdón.

8. Francisco, *Misericordiae vultus* (Bula de Indicción del Año Jubilar Extraordinario de la Misericordia), 1, 17.

9. Resucitado a la vida

1. Las palabras del Rito Romano de la Unción de los Enfermos en el *Catecismo de la Iglesia Católica*, 1513; énfasis añadido.

2. ¿Es este el origen de la herida primordial de la desesperanza? Santo Tomás de Aquino afirma que la desesperación (la desesperanza) es el resultado de estar separado de un bien que deseamos, o no poder evitar un mal que no queremos. Consulta al padre Chad Rippenger resumiendo la enseñanza de santo Tomás de Aquino en *Introduction to the Science of Mental Health* (Denton, NE: Sensus Traditius Press, 2007), 151.

3. Juan Pablo II, *Hombre y mujer los creó: una teología del cuerpo*, 4:1.

4. Consulta *Sé sanado*, páginas 155–156.

5. La historia del proceso de muerte de Dave se relata en el capítulo 8 de *Sé sanado.*

6. Robert Barron, "What Makes the Church Grow?", 9 de diciembre de 2015, wordonfire.org/resources/articles/5007.

Conclusión

1. En las buenas películas, llegamos a descubrir la persona que deseamos ser; al hacerlo, nos hacemos más conscientes de nuestra verdadera identidad y vocación. Agradezco a John Eldredge por esta idea. En muchos de sus escritos y conferencias, comparte cómo la mayoría de las buenas películas tienen una figura de Cristo (un salvador), aquellos que necesitan ser salvados y un tema de redención. Extraigo esta idea de nuestras conferencias *Holy Desire*, libros de trabajo y los CD en el Centro de Sanación Juan Pablo II.

2. Thomas Keating, *The Daily Reader for Contemplative Living* (Nueva York: Continuum International Publishing Group, 2009), 41.

3. Juan Pablo II, homilía de conclusión en la Jornada Mundial de la Juventud Toronto, 28 de julio de 2002.

Bob Schuchts es el autor de *Sé sanado, Sé transformado* y *Sé devoto.* Es el fundador del Centro de Sanación Juan Pablo II en Tallahassee, Florida, y coanfitrión del podcast *Restore the Glory* [Restaurar la gloria] con Jake Khym.

Después de recibir su doctorado en relaciones familiares de Florida State University en 1981, Schuchts se convirtió en maestro y consejero. Mientras estaba en la práctica privada, también impartió cursos de posgrado y pregrado en Florida State y Tallahassee Community College. Posteriormente, Schuchts se desempeñó como profesor en el Instituto de Teología del Cuerpo y el Centro de Estudios Bíblicos, donde impartió cursos sobre la sanación, la sexualidad y el matrimonio, y fue instructor invitado del Instituto Agustín. Se ofreció como voluntario en el ministerio parroquial durante más de treinta años.

Se jubiló como terapeuta matrimonial y familiar en diciembre de 2014.

Schuchts tiene dos hijas y ocho nietos. Su esposa, Margie, murió en 2017.

TAMBIÉN DE BOB SCHUCHTS

"En algún lugar profundo de cada uno de nosotros hay un deseo ardiente de finalmente convertirnos en la persona que Dios nos creó para ser".

¿Sufre de heridas espirituales o emocionales que le impiden alcanzar esa meta? *Sé sanado*, la nueva edición en español del libro *Be Healed*, se basa en el popular programa del terapeuta católico retirado Bob Schuchts para la curación espiritual, emocional y física. Este libro, que incorpora elementos carismáticos espiritualmente y está impregnado de las Escrituras y de la sabiduría de la Iglesia, ofrece esperanza en el poder sanador de Dios a través del Espíritu Santo y de los sacramentos.

SÉ RESTAURADO

BOB SCHUCHTS

Todos tenemos heridas sexuales, algunas causadas por una cultura demasiado sexualizada, otras por nuestras elecciones personales y otras por las acciones de los demás. ¿Has luchado con heridas por abuso sexual, uso de pornografía, infidelidad, divorcio, confusión de identidad sexual, genofobia o compulsiones sexuales no deseadas?

En *Sé restaurado,* Bob Schuchts te ofrece pasos concretos para la sanación y la plenitud, basándose en una combinación de experiencia clínica, teología católica y experiencia personal como sobreviviente para guiarte.

Basándose en sus populares conferencias sobre la sanación, cuarenta años de matrimonio y décadas de trabajo clínico como terapeuta, Bob Schuchts presenta su primer recurso para parejas casadas y comprometidas y para aquellos que desean el amor verdadero en sus relaciones. Esta muy esperada guía ofrece sólidas enseñanzas católicas, ricas narraciones y herramientas prácticas para la sanación, junto con conocimientos psicológicos y experiencia para ayudar a las parejas a crear una relación rica en confianza, pasión y unidad.

Para más información, visita
avemariapress.com/libros-católicos